el alcohol
amenaza con
destruir nuestro
matrimonio

POR LA SUPERACION DEL SER HUMANO Y SUS INSTITUCIONES

Steve Wilke
Dave y Neta Jackson

Cuando el alcohol amenaza con destruir nuestro matrimonio

Historias reales de parejas que lograron salvar su matrimonio

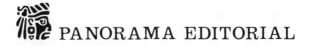

PANORAMA EDITORIAL

Respete el derecho de autor.
No fotocopie esta obra.

CUANDO EL ALCOHOL AMENAZA
CON DESTRUIR NUESTRO MATRIMONIO

Título original en inglés:
WHEN ALCOHOL ABUSE OUR MARRIAGE

Derechos Reservados
Copyright © 1994, 2004 by Steve Wilke,
Dave and Neta Jackson

Published by New Leaf Press, Inc.,
P.O. Box 726, Green Forest, Arkansas, 72638
All rights reserved

Portada:
Fotografía: AbleStock

Traducido al español por:
Laura Garibay

Primera edición en español: 2004
© Panorama Editorial, S.A. de C.V.
Manuel Ma. Contreras 45-B
Col. San Rafael 06470 - México, D.F.

Tels.: 55-35-93-48 • 55-92-20-19
Fax: 55-35-92-02 • 55-35-12-17
e-mail: panorama@iserve.net.mx
http://www.panoramaed.com.mx

Printed in Mexico
Impreso en México
ISBN 968-38-1317-8

Índice

Introducción

En la puerta del frente, mi esposa y yo dimos un fuerte abrazo a Danny y a Tess, les deseamos buenas noches y los observamos dirigirse a su auto. Mientras yo cerraba la puerta, me volví para ver a Neta a los ojos... en ese momento supe que ella sabía lo que estaba pensando.

—No sé cuántas veces más puedo escuchar esa historia —confesó—, siempre es lo mismo.

—Lo sé—. Dije en medio de un suspiro. Como pastor laico de un grupo pequeño de nuestra iglesia, a menudo escuché a alguno de los miembros del grupo o de las parejas casadas expresar alguna crisis que estaban viviendo y que necesitaban una oración o asesoría bíblica. Al principio habíamos recibido con alegría a Danny y a Tess cuando fueron a contarnos sus problemas... pero no pasó mucho tiempo antes de que sus palabras nos sonaran sospechosamente familiares:

Danny acababa de renunciar a otro empleo (o lo habían despedido); el problema era un jefe "demasiado estricto" o un compañero de trabajo "imposible de tratar"; alguien le "había hecho una mala jugada" y él no iba a soportarlo; además, Danny tenía un plan mayor y mejor que los iba a colocar en la "Vía Rápida" en unos seis meses.

Al mismo tiempo que Danny nos contaba esto, Tess luchaba por reprimir las lágrimas. De verdad se esforzaba por apoyar a Danny, pero en realidad ya estaba muy cansada de sostener una casa y una familia que crecía, con base en promesas y esperanzas perdidas. Cuando habló en privado con mi esposa, le confió: —No creo poder soportar el estrés por más tiempo. A veces pienso que divorciarme de Danny es lo único que puedo hacer para obtener un poco de paz en mi vida.

Oramos juntos. Les dimos algunos consejos prácticos para manejar el estrés e hicimos algunas solicitudes en el Fondo del Diácono cuando necesitaron dinero para pagar la renta o para comprar comida. También les pasamos algunas propuestas de empleo que nos habían llamado la atención y nos alegramos sinceramente cuando Danny aterrizó EL trabajo que iba a resolverles todos los problemas.

Pero, de alguna forma, no nos sorprendió cuando vimos a Danny y a Tess nuevamente en la puerta de nuestra casa.

Después, un día acudí a una sesión de capacitación pastoral sobre alcoholismo y, mientras escuchaba al orador hablar de la gente que tiene metas y expectativas poco realistas, que siempre está culpando a alguien más cuando las cosas salen mal, que niega que los problemas personales o maritales sean tan malos como parecen, que siempre parece estar jugando "juegos menta-les" con la realidad, Danny me vino a la cabeza.

¡Pero nunca lo había visto tomar!, y Tess tampoco había mencionado, ni una sola vez, que la bebida fuera un problema entre ellos.

De cualquier forma, la siguiente vez que nos sentamos a hablar y a orar juntos dije, —Danny, me gustaría que consideraras la posibilidad de buscar asesoría profesional—. Después, subrayé algunos de los síntomas de un "desorden compulsivo" similar al que se da en las personas adictas al alcohol y, para mi sorpresa, Danny no se negó.

Pero no pasó mucho tiempo después de eso cuando Danny y Tess se mudaron a otra ciudad en busca de otro empleo y otra solución a sus problemas. Cuando volvimos a saber de ellos algunos años después, nos enteramos de que Danny había buscado ayuda profesional, y ahora confesaba que durante los 15 años de su matrimonio había sido un alcohólico y un consumidor de drogas activos, hecho que mantuvo en secreto ante todo el mundo, incluida Tess.

Ahora él estaba trabajando con un programa de Doce Pasos, que aceptaba su problema y que buscaba soluciones.

—Todavía no es todo dicha y felicidad —señaló Tess —pero, por lo menos, estamos dando el nombre correcto a nuestros problemas y eso nos proporciona un camino para enfrentarlos.

A medida que usted vaya leyendo las historias verdaderas que presentamos en este libro, se dará cuenta de cómo otras parejas lidiaron con el mismo enemigo insidioso que amenazó con destruir su matrimonio. En algún punto, todas las parejas pensaron que el divorcio era la única opción que tenían, y la manera como cada una de ellas encontró el valor necesario para darle un nombre a su problema y buscar ayuda, dependió de un factor crítico: la esperanza.

Cada pareja también a participado en Cómo Recobrar la Esperanza, un programa patrocinado por una red de centros de asesoría de toda la Unión Americana. Todos los días se resuelven conflictos maritales, se sanan heridas y se unen rupturas, aunque son muy pocas las personas que se enteran de estas historias exitosas. Y como poca gente sabe de los matrimonios que se salvan, sienten que tienen pocas esperanzas cuando el suyo está en problemas.

La red para Recobrar la Esperanza ha ayudado a cientos de parejas a recuperar la esperanza en su matrimonio, principalmente brindándoles la oportunidad de escuchar a otras parejas que han pasado por lo peor, al narrar sus historias de reconciliación. El mensaje es obvio: con la ayuda adecuada, los matrimonios pueden salvarse.

A lo largo del libro y, en particular en el cuarto capítulo, el doctor Steve Wilke, un psicólogo clínico autorizado y ex presidente de Recovery of Hope Network, Inc. (la Red para Recobrar la Esperanza), ofrece ejemplos de cómo el alcohol amortigua el dolor, pone una máscara a la realidad y dificulta la curación. También destaca los pasos que conducen a la adquisición de una mayor conciencia y al logro de una mejor comunicación, los principales prerrequisitos en la reconstrucción de una relación dañada.

Dave y Neta Jackson

1

Atrapado en una camisa de fuerza

Rosalyn Hansen desabrochó el cinturón del asiento posterior y levantó en sus brazos a su hijo de dos años, que se había quedado dormido en su silla para automóvil. *¡Diablos!*, pensó, *ahora Luke no estará listo para ir a la cama después de la cena.* —Vamos, Cari —le dijo a la pequeña de seis años que se encontraba en el asiento delantero—, vamos a ver si ya llegó papá.

Cuando Rosalyn entró por la puerta del frente con Luke en sus brazos y Cari tomada de un extremo de la pañalera, se dio cuenta de que Papá ya había llegado a casa… ebrio. Lonny Hansen se hallaba desparramado en el sofá, mirando la TV con los ojos medio cerrados, una lata de cerveza en la mano y varias más, vacías, esparcidas por el piso.

—¡Papi! —gritó Cari con alegría y corrió hacia el sofá, se trepó al pecho del hombre y le dio un beso por debajo del espeso bigote. Casi de inmediato se hizo hacia atrás, —¡Puff, papi, apestas!

Una ira muy familiar comenzó a invadir a Rosalyn. —Mírate, Lonny Hansen—, gritó enojada —hasta tus hijos se molestan porque bebes.

Con la lata de cerveza en la mano, Lonny le hizo la seña de que se alejara, —Oh, Rosalyn, no comiences con eso otra vez. Tuve un día muy difícil en esa maldita fábrica. Sólo me tomé unas cuantas cervezas para relajarme cuando llegué a casa.

—Sí, claro —murmuró Rosalyn, dirigiéndose a la habitación de sus hijos para cambiarle el pañal a Luke—. Por lo menos es un trabajo —vociferó por encima del hombro.

Un momento después, Lonny apareció en la puerta de la habitación, recargando su pesado cuerpo sobre el marco de la puerta. —¿Qué se supone que eso significa? No es mi culpa que me hayan echado de Chrysler.

Rosalyn desabrochó la ropa de Luke, le quitó el calzón de hule y quitó el seguro del pañal húmedo con movimientos demasiado toscos, por lo que el pequeño comenzó a llorar.

—Tal vez no —comentó la mujer en forma lacónica—, pero será una suerte que logres conservar éste si sigues bebiendo como un cosaco.

—¡Fíjese en lo que dice, señora!—

Rosalyn escuchó el cambio en el tono de voz de su esposo y supo que no debía decir nada más... pero ¿porqué tenía que guardar silencio con este bebé de 27 años de edad que necesitaba su botella de cerveza a lo largo de todo el día como Luke necesitaba su mamila?

Rosalyn puso a Luke, que seguía llorando, dentro de su cuna y luego se volvió hacia Lonny en la puerta de la recámara. —No, fíjate tú lo que dices. Estoy harta de ocupar el segundo lugar después de un six pack. Trabajo todo el día, paso por la despensa de camino a casa, recojo a los niños en casa de la niñera, llego cansada y ¿qué me encuentro? ¡Un esposo borracho y echado en el sofá!

—¿Cuál es el problema? —bramó Lonny—, estoy en casa, ¿no? Te molestas si me detengo en el bar, te molestas si llego a casa y disfruto de unas cuantas...

—¡Oh, madura!

Mientras escupía estas palabras, Rosalyn tuvo el impulso de reír histéricamente. Apenas tenía 24 años. Había conocido a Lonny a los 15 en un restaurante con servicio en el auto en donde ella era mesera. Se había enamorado de sus ojos color café, el cabello ondulado y oscuro que llevaba largo por detrás de la nuca y la manera como la hacía sentir una mujer especial y de mayor edad. Después de todo, el ya tenía casi 19 y conocía el mundo.

A los 16 quedó embarazada de Cari. Locamente enamorados, ella y Lonny decidieron casarse en contra de los deseos de sus padres. Rosalyn estaba segura de que el matrimonio y la familia contribuirían a que Lonny sentara cabeza, él dejaría de beber y vivirían felices para siempre.

Pero las cosas no sucedieron así.

Han estado casados durante siete años, trataron de comprar la pequeña granja en la que vivían, tuvieron otro bebé... y Lonny seguía queriendo detenerse en el bar en su camino a casa del trabajo, reunirse con sus compañeros de bebida los fines de semana e incluso pasar toda la noche fuera si le daba la gana, pero cuando Rosalyn lo supo, hubo una gran trifulca.

—El problema contigo, Rosalyn —dijo trabajosamente Lonny desde la puerta—, es que no quieres que nadie se divierta. Cada vez que quiero relajarme o divertirme con los muchachos, tú arruinas todo con tus regaños.

El control se perdió. —¿Yo arruino todo? —chilló ella—. Estás borracho, hueles igual que una cantina, llegas muy tarde a casa la mitad del tiempo, eres un pésimo ejemplo para tus hijos, pasas más tiempo arreglando el último camión que compraste que en casa... ¿y te atreves a acusarme de que lo arruino todo?

Tomando la pañalera que acababa de vaciar, Rosalyn metió en ella pañales limpios y un par de mudas limpias de sus dos hijos, sacó al lloroso bebé de la cuna y empujó a Lonny. El olor del alcohol le produjo náuseas.

Él la siguió hasta el baño. —¿Qué crees que estás haciendo?

—Te dejo —anunció mientras sujetaba a Luke sobre su cadera y guardaba los cepillos de dientes, el del pelo y un poco de maquillaje en la pañalera y la cerraba.

—¡Oh, por supuesto que no! —Lonny estiró el brazo para quitarle la pañalera, pero Rosalyn alcanzó a evitarlo.

—¡Claro que sí! ¡Quítate de mi camino! —lo volvió a empujar y, debido a su precario equilibrio, el hombre se tambaleó. Saliendo del baño, la mujer gritó, —¡Cari!, ¿en dónde estás?

La pequeña estaba parada frente al televisor que su padre había dejado encendido, y su madre le dijo, tratando de hablarle con tranquilidad, —Vamos, cariño, despídete.

—Pero tengo hambre, mami.

¡La cena! Se había olvidado por completo de la cena. —Bueno, comeremos con la abuela, ¿está bien, cariño?

Con Cari siguiéndola, se dirigió a la puerta del frente, sólo para encontrarse con que Lonny salía de la alcoba de ambos con dos cajones de ropa.

—¿Te quieres ir? —la desafió—, ¡Bien! No olvides tu ropa. Forcejeó con la puerta y vació los cajones en el patio delantero, para luego regresar a la alcoba.

Ahora Rosalyn sintió miedo. —¡Pronto, Cari, súbete al auto!— y corrió con los niños hacia el camino mientras, detrás de ella, otro cajón salió volando por la puerta y se rompió desparramando su contenido en el césped.

Con el corazón latiéndole a toda prisa, Rosalyn abrió la puerta del auto, empujó a los dos niños al interior y puso el seguro de todas las puertas antes de poner el cinturón a Luke en el asiento del auto. ¡Las llaves! ¿Tenía con ella las llaves? Sí… había echado las llaves junto con su cartera dentro de la bolsa.

Mientras encendía el auto, Rosalyn vio que Lonny corría hacia ellos. El motor prendió justo en el momento en que él llegaba al carro y tomaba la manija de la puerta del copiloto. Esforzándose por no perder el control a causa del pánico, Rosalyn puso la reversa y comenzó a avanzar hacia atrás para salirse del camino.

En ese momento, Cari gritó y Rosalyn sintió un golpe. —¡Mamá, papi se cayó! ¡Pasaste encima de papá!

• • •

En el hospital, Rosalyn estaba sentada en una silla, abatida, con Luke y Cari encima de sus piernas, mientras un policía le tomaba declaración a Lonny respecto a lo que había sucedido. El hombre se hallaba acostado sobre una camilla y respingaba de dolor cada vez que se movía. La revisión médica inicial había señalado que no había presencia de ningún hueso roto, sólo varias costillas lastimadas, el hombro izquierdo raspado y fuertes golpes en el área de la ingle.

—¿Pasó por encima de usted dos veces? —le preguntó el policía, casi sin poder disimular una risa burlona.

—Sí, bueno, supongo que estaba tratando de deshacerse de mí, así que avanzó con el auto y la llanta volvió a pasar por encima de mi cuerpo.

El policía se volvió y miró a Rosalyn, quien volteó el rostro a otra parte. Después, el oficial observó al hombre en la camilla.

—¿Quiere presentar cargos o algo?—

Rosalyn apretó los párpados para tratar de contener las lágrimas que amenazaban con salir, y escuchó a Lonny decir, —Nooo. No fue su culpa en realidad…

Se sentía muy mal por haber pasado encima de Lonny con el auto, y se alegraba de no haberle causado un daño serio, pero, …¿acaso el policía tenía la obligación de preguntar si él quería presentar cargos? ¡Ésa fue la gota que derramó el vaso! Parecía que siempre acababan así. Aun cuando Lonny había sido el que se había emborrachado, siempre ella era la que resultaba castigada.

• • •

Habría sido muy difícil que se hubiera dado cuenta, cuando estaba enamorada, a los 16 años, y embarazada, pero ahora, Rosalyn veía con toda claridad que, desde entonces, su matrimonio tenía muchas cosas en contra incluso antes de haber empezado. —Entre el jardín de niños y el sexto grado de primaria, mi familia se mudó siete veces, de un lado a otro, entre Indiana y California —explicó—. Mis dos padres eran alcohólicos y nunca tuvieron tiempo de darme el amor y el afecto que yo necesitaba.

Cuando su padre y su madre salían a beber, a menudo dejaban a Rosalyn y sus hermanas con el casero, a quien acostumbraban llamar "abuelo". —Yo tenía unos cinco años en aquel tiempo —recuerda ella—, y aquel hombre fue lo más cercano a un abuelo que pude tener, pues me proporcionó un poco de la calidez y cercanía que yo tanto ansiaba; de hecho, llegué a pasar algunas noches completas con él. Me llevaba a cenar, después me compraba zapatos y ropa que mamá y papá no podían comprar. Cuando llegábamos a casa, me decía que me bañara con él, sólo para estar seguro, decía él, de que yo estuviera limpia. Después nos acostábamos juntos.

Estos "momentos especiales" ocurrieron durante mucho tiempo y el abuelo lentamente fue conduciendo a Rosalyn de una noche a la otra. "Siempre me dijo que las cosas que hacíamos juntos serían nuestro secreto, y como era tan "secreto", yo sabía que aquello era malo" —asegura una Rosalyn mayor y más inteligente—. Pero al mismo tiempo, estaba recibiendo la atención y el afecto que tanto necesitaba, así que fui una niñita muy confundida.

Rosalyn recuerda sentirse como un pequeño pájaro encerrado en una jaula con un gato que la tenía atrapada: ella quería salir de allí, pero al mismo tiempo sentía cierta seguridad en ese lugar. —Me sentía indefensa y llena de temor, segura y amada, todo al mismo tiempo. En aquella época Rosalyn comenzó a tener severos ataques de asma que duraron hasta los 13 años aproximadamente, los cuales ahora sabe fueron causados por guardar tanta tensión y confusión en su interior.

A medida que entraba a la adolescencia, seguía buscando amor y afecto, e incluso recuerda haber deseado tener a alguien que tan sólo la abrazara y le dijera lo hermosa que ella era, sin "todo lo demás" que los muchachos creían que debía seguir. O que pudiera encontrar a alguien que fuera tan atento y amable como parecía haber sido el abuelo.

—Pero también recuerdo los sentimientos de culpa y el miedo —afirma—. Iba demasiado lejos con un chico tras otro, luego sentía miedo y les decía que me dejaran en paz. El hambre de amor era muy fuerte, era como ser absorbida dentro de un túnel en el que daba vueltas y vueltas como en un remolino. Iba de un muchacho a otro en busca del amor que sólo el abuelo me había dado... y que yo tanto ansiaba y que a la vez me asustaba.

Después, recuerda Rosalyn, siempre se sentía como un bebé al que le habían quitado su mamila o la cobijita que le daba seguridad y, una vez, en su adolescencia, incluso ingirió una sobredosis de aspirina, en un intento por escapar de la soledad y de su sensación de estar desamparada.

Todos los regalos de la vida vienen con una instrucción implícita: "requiere ensamblaje". Somos creados con necesidades tales como amor, respeto, valía, realización, satisfacción y alegría, sólo para mencionar unas cuantas.

En matrimonios como el de los Hansen, dicho ensamblaje se ha hecho mal, pues algunas piezas fueron ensambladas por unas personas, otras por ellos mismos, y otras más entre todos juntos. En los ciclos disfuncionales, el intento desesperado de cada persona por sobrevivir desencadena una respuesta aún más desesperada por parte de la otra. Cada interacción agitada alimenta el fuego hasta que la cacerola se derrama.

La fatiga provocada por la "erupción" crea una fase de enfriamiento en la que la distancia, la culpa y la vergüenza abundan. La calma antes de la tormenta sólo presagia tormentas mayores. La auto estima, las habilidades para relacionarse y el bienestar espiritual están tan lesionados por aquel ensamble mal hecho, que no podemos dejar de lastimarnos a nosotros mismos y a quienes nos rodean.

Rosalyn y Lonny no estaban buscando la desesperación ni la destrucción, por supuesto, pero hacia esos lugares los estaba conduciendo su drama de pareja.

Lonny Hansen entró con su Roadrunner modelo 1969 a uno de los espacios vacíos del restaurante que daba servicio en el auto en Rochester Indiana y observó la tabla-menú.

—¿Puedo tomar su orden? —le preguntó una alegre voz por la ventanilla del auto.

Lonny volvió la cabeza y el corazón le dio un brinco. La atractiva mesera del lugar tenía un hermoso cabello castaño, cuidadosamente peinado y guardado dentro de la gorra del uniforme, brillantes ojos color café, una piel muy blanca, y los labios con un pequeño toque de rosa brillante. La siguió mirando hasta que ella volvió a preguntar, ¿quiere ordenar?

—Oh, sí… Quiero una hamburguesa con todo, una malteada de chocolate y doble ración de papas fritas.

—Yo también —agregó la persona que lo acompañaba, desde el asiento del copiloto.

La chica repitió la orden y se dirigió al siguiente auto.

Lonny se volvió a su compañero. —¿Viste a esa belleza, amigo? ¡Creo que estoy enamorado!

Su amigo se volvió hacia atrás y observó a la muchacha caminar hacia el restaurante para cubrir las órdenes. —Sí, es bonita —admitió.

—¡Bonita! —resopló Lonny. No podía creer los sentimientos que comenzaban a buir en su interior. —Te lo digo amigo, con ella me voy a casar.

Su amigo lo miró como si estuviera loco. —¡Estás demente, hombre! Es sólo una niña, todavía debe estar en la secundaria, y ni siquiera sabes cómo se llama.

Lonny sonrió divertido. Cuando la mesera se acercó con la charola para colocarla en la ventanilla, con las hamburguesas, las malteadas y las papas, él le dijo, —Me llamo Lonny Hanson. ¿Cómo te llamas?

La chica dudó. —Rosalyn.

—Rosalyn. Es un nombre hermoso —afirmó Lonny—. ¿Oye, puedo pasar por ti cuando salgas del trabajo, y nos vamos a caminar o algo?

La chica pareció un poco nerviosa, y halagada al mismo tiempo. —Bueno, creo que estaría bien. Salgo a las 11 de la noche. Adiós. Tengo otros clientes que atender.

Mordiendo su hamburguesa, Lonny no pudo apartar los ojos de aquella mesera llamada Rosalyn. —Realmente creí que era amor a primera vista —afirma Lonny hoy. —Mi amigo me dijo que era un loco mentiroso… pero nunca he dejado de tener ese sentimiento.

Sin embargo, la relación de Lonny con el padre de Rosalyn fue todo menos "amor a primera vista". Cuando el joven Lonny de 18 años comenzó a salir con la pequeña Rosalyn de 15, el padre de ella amenazó con hacer cosas terribles en cada parte de la anatomía del chico si la metía en algún problema—. Después de un año, Rosalyn y yo nos dimos cuenta que el matrimonio que tanto deseábamos —quizás por las razones equivocadas —no sería posible a menos que algo drástico sucediera. Entonces quedó embarazada.

En cuanto a Rosalyn, ella comenta, —¡Tenía sentimientos encontrados! Todavía era una niña, y él, a los 19, era un hombre. Siempre había recibido afecto de un hombre mayor, pero tenía miedo… en particular cuando la gente me decía que él no era bueno. Bebía todo el tiempo y ya había sido arrestado… ¡sin mencionar que mi padre lo odiaba!

—Pero, desde el día en que nos conocimos, Lonny me dijo que me amaba, y parecía muy considerado y amable, así que no le creí a los demás. ¿Cómo alguien tan dulce no podía ser bueno? Ya había visto mucho alcoholismo en mi vida y, a diferencia de mi padre, Lonny nunca estaba enojado ni me despreciaba ni me llamaba con otros nombres.

Sin embargo, el alcoholismo de Lonny sí causó algunos problemas. A menudo perdía el conocimiento en medio de una cita, con frecuencia se gastaba su paga en Rosalyn en lugar de cubrir sus cuentas, punto en el cual los padres de él lo echaron de su casa; además, una vez estuvo con ella hasta las 5 de la mañana y los padres de la chica ya tenían a la policía buscándolos.

Pero, a pesar de todo eso, a los ojos idealistas de Rosalyn, Lonny parecía ser el hombre que había estado buscando para que le diera el amor y la seguridad que antes había recibido del "abuelo". —Así que —se encoge de hombros —me embaracé para que mis padres nos dejaran casarnos. El primer año, Lonny bebió sólo ocasionalmente y, excepto por la noche de bodas, nunca se emborrachó.

Comparada con la vida en cada una de las familias de ambos, el primer año de matrimonio fue bastante bueno para los dos jóvenes. —Cuando nació nuestra hija Cari, yo estaba feliz —afirma Lonny—, pero en mi interior también sentía mucho miedo... era una enorme responsabilidad.

Poco después de que Cari nació, la bebida volvió a hacer su aparición en aquel joven matrimonio. Para la desconcertada Rosalyn, —Era como si Lonny no pudiera soportar estar atado. Llegaba a casa borracho o incluso la pasaba fuera toda la noche. Cuando me quejaba por eso, se enojaba y me decía cosas que me lastimaban mucho. En alguna ocasión incluso llegó a decirme que nuestra hija era lo único que él amaba y que ya no podía soportarme. Me sentí como una basura con la que se había divertido hasta cansarse antes de desecharla.

Lonny no podía entender de qué se trataba todo pues, para él, beber era una parte natural de la vida, como comprar un auto nuevo cada año. —Me sorprendió darme cuenta que la mujer que había aceptado compartir mi vida no sólo no se unía a mí en mis borracheras, sino que me reprendía y se quejaba de ellas. Al principio me enojé, luego me sentí decepcionado, pues eso me hizo sentir que ya no me amaba como antes.

—Ojalá hubiera entendido su enojo —dice él ahora—. Por lo menos sentía algo, pero, al contrario, guardaba dentro de mí la decepción que sentía y mi sensación de rechazo y me iba a beber para evitar sentir cualquier cosa.

Como Rosalyn se negaba a unirse a Lonny para disfrutar la bebida, él decidió que debía encontrar a alguien con quien beber, y ese "alguien" resultó ser una mujer que compartía su gusto por el alcohol. Anduvieron juntos durante unos seis meses hasta que Rosalyn se dio cuenta. —Entonces —explica Lonny—, todo se fue al diablo.

Roslyn asiente. –Cuando descubrí a mi esposo bebiendo con una mujer, nos enfrascamos en una pelea tal, que presenté una demanda por agresión y lesiones… lo cual, por supuesto, provocó más peleas en casa.

No es de sorprender que las parejas la pasen tan mal con la franqueza abierta. El proceso de las "demandas" generalmente va en contra de la dinámica de un matrimonio sano. Durante el noviazgo, las parejas tienen poco interés en las cosas que puedan empañar la burbuja de ilusión y, además, los dos tienden a dar lo mejor de sí mismos y ocultar sus fallas o defectos.

El día de la boda simboliza el inicio del matrimonio, y las realidades de la vida marital surgen después. A medida que la pareja se va dando cuenta de quién es cada uno en verdad en su vida en común, la tendencia es sentir pánico, huir o tratar de tener el control.

Pero los momentos de conflicto y confusión son ventanas de oportunidad, aunque, lamentablemente, casi todos reaccionamos con ira y culpa, y esto conduce, a su vez, a la ruptura.

Con la ayuda de Dios, las parejas deben aceptar estos momentos de revelación (por negativos que puedan ser) y responder con el deseo de entender. Las parejas que están atravesando por conflictos con la intención de auto analizarse y lograr un entendimiento mutuo, pueden alcanzar la reconciliación y la plenitud.

Cuando Rosalyn confrontó a la otra mujer y le dijo que todo se había acabado, Lonny se sintió muy mal por todo eso. —Pero también me di cuenta entonces de que en realidad amaba a mi esposa —sostiene—. Podía pasármela sin un compañero de borrachera… pero no sin la bebida.

Sin embargo, la negativa de Rosalyn a beber con él le seguía doliendo. —Sentí como si ella hubiera levantado un muro entre nosotros —asevera—, así que comencé a construir mi propio muro. A medida que más emociones y sentimientos míos se iban a la basura, buscaba escaparme más y más en una especie de nada. El muro que construí alrededor de mí mismo se convirtió en mi castillo de seguridad y no iba a permitir que nadie, ni siquiera Rosalyn, entrara. Me sentía seguro de alguna forma… pero, la soledad también se encontraba ahí adentro.

Asimismo, Rosalyn se sentía completamente sola y sin nadie a quien recurrir. —Mi padre me dijo que yo había hecho una elección y que tenía que vivir con ella—. Pero a medida que el alcoholismo de Lonny aumentaba, algunas veces la atacaba físicamente y ella se sentía muy insegura. —A veces, yo misma me tiraba al suelo y me cubría la cara y la cabeza para evitar que me apaleara —recuerda ella. —Al principio le eché la culpa a sus compañeros de borrachera por ser tan mala influencia para él pero, poco a poco, mi amor por él comenzó a desaparecer. Sentía como si alguien hubiera tomado mi corazón y le hubiera echo muchos nudos muy apretados. Otras veces sentía que estaba colgando del extremo de una cuerda que no podía soltar porque no tenía a dónde caer.

Así, a Rosalyn no le quedó otro remedio que aguantar. —Yo era una gran controladora —admite ella— por lo que seguí tratando de "arreglar las cosas". Juzgaba todo lo que Lonny hacía y lo acosaba con la idea de lo estupendo que él sería si dejaba de beber. Después pensé, *Si me vuelvo a embarazar, tal vez eso ayude... como cuando nos casamos.* Y lo hice, aun cuando Lonny seguía diciendo que ya no tenía suficiente amor en su corazón para otro hijo. Y, por supuesto, el nacimiento de Luke sólo empeoró las cosas. Cuanto más trataba de "arreglar" nuestra vida, peor parecía ponerse la situación para nosotros.

Lonny sabía que Rosalyn creía que su alcoholismo podría disminuir si tenían otro hijo. —Pero bebí mucho más —reconoce —porque yo no quería esa responsabilidad. Creía que un bebé interferiría con mi adicción al alcohol... y tenía razón, así fue. Por lo menos, me sentía más culpable por beber.

Incluso con dos hijos, la hermosa mesera del restaurante que daba atención a los automóviles (ahora de 21 años y que trabaja como dietista en un hospital) seguía llamando la atención de los hombres. —Lonny era muy celoso —recuerda Rosalyn—. No le gustaba llevarme a ningún lado por temor a que llamara la atención de los hombres. El hecho era que seguía enojado conmigo por no acompañarlo a beber.

Entonces, cuando llegaba a casa, actuaba como si fuera el dueño de mi cuerpo. Me perseguía por todas partes, me decía cosas y luego me llevaba a la cama. Me hacía sentir como si fuera mi obligación "cumplirle". Cuando Lonny estaba sobrio, no recordaba las cosas que hacía para lastimar a Rosalyn. —Lo siento, cariño, de verdad lo siento —le decía una y otra vez, pero las desagradables escenas se repetían una y otra vez también.

—El temor y la frialdad en el interior de nuestro matrimonio aumentaron —declara ella—. Era como estar encerrada en una celda fría y oscura, sin nadie que estuviera allí para compartir conmigo lo que estaba sintiendo. Lonny era todo lo que tenía, aunque en realidad no lo tenía.

Al recordar aquella época, Lonny afirma, —Cuando escucho a otras personas hablar de que su matrimonio empieza a tener problemas, veo que sus historias están llenas de emociones y sentimientos, pero en ese momento de mi vida, mi historia parece ser una ausencia de emociones y sentimientos.

En su impotencia para "arreglar" las cosas, Rosalyn se encontró suplicando ayuda. En algún momento intentó abandonarlo… y terminó pasando, accidentalmente, por encima de él con el coche cuando trató de perseguirla. ("Mis amigos comenzaron a llamarme "llanta vulcanizada", bromea Lonny. "Ahora me parece divertido, pero entonces no le fue".) Aun cuando Lonny no presentó cargos, Rosalyn sentía que todo había sido su culpa, y su resentimiento comenzó a crecer.

—En alguna una ocasión tomé una sobredosis para huir del caos —recuerda la mujer —pero me salvaron en el hospital. Cuando recuperé la conciencia, me pregunté, *¿Acaso es un castigo por haberme casado con un alcohólico cuando todo el mundo me dijo que no lo hiciera?*

En otra ocasión Rosalyn inició la demanda de divorcio, pero nunca la siguió. Cari estaba en la pre-adolescencia y Luke se acercaba a los 10 años de edad. Nada había cambiado. Comenzó a hundirse en la depresión.

—Lonny siguió bebiendo y ahogándose en el alcohol —reitera Rosalyn—. Y yo me sentía tan sola, que cometí adulterio dos veces con su mejor amigo, cosa que no le dije a Lonny durante cinco años, sólo mantuve el sentimiento de culpa dentro de mí todo ese tiempo, pensando que yo misma me castigaba por lo que había hecho de niña, por todas las veces que tuve relaciones sexuales con los muchachos y por no ser una buena muchacha.

El amor es un acto. Como el juego de las atrapadas, el amor se genera en el intercambio activo de pensamientos, palabras y acciones que mantienen vivos los sentimientos de amor. Cuando una relación se rompe es natural que esos sentimientos amorosos se desvanezcan, y ésta es una experiencia que afecta a todos los matrimonios.

Pero el objetivo del matrimonio va mucho más allá de "estar enamorado" todo el tiempo; confirmar el compromiso fundamental con el matrimonio ayuda a superar las épocas difíciles.

En este punto en la vida de Rosalyn y Lonny, ellos estaban funcionando en "piloto automático", es decir, sus respuestas mutuas estaban determinadas por las distintas tendencias de sus personalidades individuales, las estrategias de sobrevivencia que presenciaron durante su infancia y el instinto básico de pelear o salir corriendo.

Al igual que en muchos matrimonios, los ciclos de disfunción hacen su aparición: la exigencia de un cónyuge se encuentra con el rechazo del otro, el conflicto es seguido por la autoprotección, y la soledad conduce al aislamiento, la ira… y la bebida.

Lo que Rosalyn y Lonny no sabían es que la manera como manejamos la incomodidad y el dolor es uno de los aspectos más importantes en la vida de los seres humanos.

Lonny había tenido un par de trabajos después de haber sido despedido de la planta de Chrysler, y después no logró conseguir ningún empleo durante año y medio. El salario de Rosalyn en su trabajo en una fábrica de ropa no era suficiente para cubrir las cuentas, por lo que, antes de la Navidad del aniversario número 12 de Cari, los Hansen tuvieron que declararse en bancarrota.

Fue una situación terrible que significó perder la granja de la que habían dependido durante siete años, así como el orgullo y la alegría de Lonny: una camioneta pick-up modelo 1979. —Todo por lo que habíamos trabajado —gruñó él. Rosalyn se dio cuenta de que aquella situación sacudió a Lonny hasta los huesos, y lo hizo empezar a pensar las cosas.

La familia se mudó de la granja y rentó una casa en la ciudad, pero los hábitos de bebida de Lonny no pararon y la depresión de Rosalyn empeoró. Tal parecía que su vida estaba cayendo poco a poco por un agujero sin fondo. Desesperada, ella buscó asesoría en un centro psiquiátrico cercano.

Sin que Lonny lo supiera, también comenzó a asistir a un grupo de apoyo de Al-Anon para esposos de alcohólicos. Era su último grito de ayuda. El reconocimiento de un Poder Superior en el grupo la hizo desear tener una mayor vida espiritual y comenzó a asistir a la iglesia... algo que no había hecho desde que era una niña. (Ni siquiera tuvieron una boda por la iglesia porque su padre quería que todo acabara pronto).

Un año después de la bancarrota, cuando parecía que habían tocado fondo, Rosalyn reunió la fuerza necesaria para dar a Lonny un ultimátum:

—Lonny, ya solicité el divorcio.

Él se mostró indiferente. —¿Y qué? En realidad no quieres dejarme, ni a los niños.

No, no quiero, es por eso que en los papeles de divorcio incluí la condición de que, si aceptas someterte a tratamiento en un centro de rehabilitación de adicciones, entonces detendré el procedimiento—. Rosalyn suspiró hondo. —De lo contrario, es el final.

Lonny la miró, y ella le sostuvo la mirada. Estaba segura en ese momento, no podía seguir así... era ahora o nunca.

Lonny rompió el silencio. —Sí, sé que tengo un problema –dijo con tristeza—. Está bien, lo haré.

Rosalyn no podía creer lo que acababa de escuchar. —¿Lo harás? ¿Buscarás ayuda?

—Sí. ¿Cuándo empiezo?

Para empezar, Lonny asistió a las reuniones de AA (Alcohólicos Anónimos), y también aceptó buscar asesoría en el mismo centro psiquiátrico que su esposa lo había hecho.

Pero Rosalyn se encontraba conmocionada. —Mis sentimientos eran encontrados cuando Lonny finalmente admitió que tenía un problema y comenzó a buscar ayuda —admite—. Era difícil pensar siquiera en la reconciliación porque parecía que ya había perdido todo mi amor por él. Sabía que alguna vez lo había amado realmente y que él me había amado, pero gran parte de ese sentimiento había desaparecido, así que me pareció muy difícil creer que pudiéramos volver a amarnos.

—Sufrí ataques de ansiedad (un pánico real) pues, aún cuando las cosas iban relativamente bien, no estaba segura de dónde provenía el miedo.

Poco a poco, mi asesor me ayudó a ver que era demasiado profundo mi temor de volver a ser lastimada si mi esposo volvía a beber como lo había hecho antes. —Pero —continúa—, cuando finalmente tuve espacio para respirar, comencé a ver que la razón por la que nunca había continuado con el procedimiento de divorcio era que algo muy dentro de mí me decía que el divorcio iba en contra de mi responsabilidad como adulto. Por primera vez, sentí una esperanza real.

En cuanto a Lonny, en las reuniones de AA encontró personas que lo entendían y se interesaban en él. Fue el primer paso en el largo camino hacia la comprensión de su adicción y la recuperación de la misma. —Al principio —admite—, me sentía como un niño que no tendía a dónde ir. Tenía miedo de no poder manejar este nuevo enfoque de la vida.

—Pero el primer sentimiento real de esperanza surgió cuando finalmente admití para mí mismo que era un alcohólico, cosa que había estado negando durante mucho tiempo, y que me impedía ver las cosas que estaba haciendo. Mi mente siempre tergiversaba las cosas de tal manera que, cuando algo malo sucedía, siempre fuera la culpa de alguien más. Ahora sabía que necesitaba ayuda, y también sabía que estaba bien buscar esa ayuda. No era una mala persona, simplemente tenía una adicción que la gente podía ayudarme a controlar.

Algo que Lonny descubrió fue que no tenía que tomar ni una copa, y eso significaba que no habría más lagunas en su memoria en las que no podía recordar lo que había sucedido; no más pelas como perros y gatos con Rosalyn, no más crudas.

Pero Lonny también sabía que siempre existía la posibilidad de recaer. —Podía dejar que sucediera, dependía totalmente de mí —se dio cuenta—. Sabía que necesitaría mucha ayuda, pero también sabía que podía hacerlo.

Un segundo paso que Lonny dio fue unirse a un grupo de codependencia, con una semana de tratamiento en el centro psiquiátrico. —Varios de nosotros pasamos el tiempo aprendiendo a expresar los sentimientos que habíamos tenido guardados muy dentro de nosotros mismos—. Para Lonny, aprender a expresar su ira en forma saludable, y a dejar fluir las cosas fue como un gran suspiro de alivio.

Rosalyn había arrojado el guante y hecho el desafío, Lonny lo había aceptado y, ahora, habían iniciado juntos el camino hacia la recuperación. Como Rosalyn afirma, —Se sentía como si alguien hubiera tomado la botella de cerveza y la hubiera hecho añicos. Ahora podíamos prestar atención a otras cosas de nuestro matrimonio sin que el alcoholismo de Lonny se interpusiera entre nosotros.

Algo que Rosalyn había tenido que enfrentar era el haber estado deprimida durante tanto tiempo. —Seguía sintiéndome así porque consideraba que yo era una mala persona o porque Lonny era un mal sujeto. Pero en la asesoría descubría que mi depresión es una enfermedad, y que puede tratarse como cualquier otra enfermedad una vez que entendemos de dónde proviene.

Lamentablemente, las familias de ambos no entendían lo que Lonny y Rosalyn estaban haciendo... y siguen sin entenderlo. —Ojalá lo comprendieran —declara Rosalyn con nostalgia, —porque su apoyo sería de gran ayuda para los dos. Ellos no entienden que estemos dispuestos a invertir en lo que cuesta recibir ayuda. Nos dicen, "Lo único que necesitan es madurar y enfrentar sus responsabilidades", pero nunca han sabido lo que ha sucedido detrás de las puertas cerradas, y tampoco se dan cuenta lo rica que puede ser su propia vida si también buscaran un poco de ayuda. La ayuda que nosotros hemos recibido ha hecho que nuestras vidas sean más dignas de ser vividas.

—Necesito ayuda.

—Tengo un problema, quiero cambiar.

—No puedo seguir así.

Estas frases son el principio de una nueva relación. Cuando un cónyuge admite debilidad y vulnerabilidad, la necesidad de la autoprotección se acaba. Sin los muros levantados por esa autoprotección, finalmente puede tener lugar la comunicación franca y abierta.

Cuando Rosalyn y Lonny llegaron al punto de reconocer que no podían solucionar sus problemas solos, la intimidad tuvo una oportunidad.

Una relación sana depende de una creciente autoconciencia de cada uno de los cónyuges, así como de la habilidad no sólo para compartir (hablar de) las reflexiones de cada uno sobre esa conciencia de sí mismos, sino para escuchar (recibir) las reflexiones del otro.

Hay que vencer los obstáculos que se interponen en la vida y las relaciones sanas, tomar en cuenta la resistencia al cambio, tanto interna como externa y, también reconocer todos los recursos que Lonny Rosalyn usaron para vencer esa resistencia.

La franqueza visceral de las reuniones de AA ayudó a Lonny a empezar a conocerse a sí mismo, lo que no siempre fue fácil. —Cuando todas las cosas que tenía que enfrentar parecían demasiadas para mí, aprendí a contentarme con pasar un día a la vez —dice él—. Rosalyn estaba recibiendo su propia terapia por la depresión y yo no podía entender por lo que estaba pasando, pero fui capaz de compartir su sufrimiento. Como me encontraba sobrio, comencé a estar en contacto con sus sentimientos, así como con los míos propios y, en realidad, comenzamos a madurar en nuestra comprensión y nuestra comunicación mutuas. Así fue como comenzamos a amarnos nuevamente.

La vida es muy diferente ahora para los Hansen, pero ellos serían los primeros en admitir que ello no sucedió de la noche a la mañana. —Estoy aprendiendo que la recuperación es un proceso de toda la vida —reconoce Rosalyn—, y que no podemos, simplemente, arreglar las cosas y no volver a preocuparnos por ellas. Siempre tenemos que luchar, pero el arduo trabajo de enfrentar nuestros problemas ha valido cada momento.

Además de la asesoría psicológica que hemos recibido, cada uno por su cuenta y juntos en el centro psiquiátrico, Rosalyn también tomó un programa de codependencia de una semana. —Ese programa me ayudó a trabajar con otras cosas y descubrir cómo afectan a Lonny y a otras personas las cosas que yo hago, y también a empezar a cambiar lo que se tiene que cambiar.

La participación continua de Rosalyn en Al-Anon también de la proporcionado un círculo de amigos que le ayudan a aprender a controlar su ira, frustración, autocompasión y depresión.

En cuanto a su involucramiento en la iglesia, nos cuenta: —Las actividades en la iglesia son ahora mucho más importantes para mí que lo que alguna vez imaginé que serían. Ahora soy catequista los domingos, y una diácona de mi iglesia, la cual también nos ha ayudado ha hacer cierta planificación financiera como familia y sujetarme a un presupuesto manejable.

A través de todas estas cosas, —admite—, estoy aprendiendo a vivir mi propia vida, de manera que nada de lo que hago es una reacción a Lonny o a sus actos. Al mismo tiempo, estoy aprendiendo a comunicarle mis sentimientos, mis necesidades y mis deseos.

De igual forma, estoy aprendiendo a escuchar sus sentimientos, necesidades y deseos. Aun cuando estoy aprendiendo a vivir mi vida, quiero compartirla con mi esposo y con mis hijos. ¡Algo que no había imaginado que fuera posible! Siento como si Dios hubiera desecho todos los nudos que había en mi corazón y los hubiera llenado de un amor pleno que fluye hacia adentro y hacia fuera con toda libertad. Es maravilloso sentir calor y compasión por las demás personas.

Lentamente, Lonny y Rosalyn están aprendiendo formas prácticas de hacer crecer su relación; por ejemplo, ahora apartan un poco de tiempo para escucharse mutuamente, aun cuando sólo sea media hora al día. También han estado saliendo juntos, solos, un fin de semana cada varios meses, —sin niños, ni perro, ni llamadas telefónicas, sólo nosotros dos.

—Escuchamos las viejas canciones de amor que escuchábamos cuando éramos novios —explica Rosalyn—. Salimos a caminar tomados de las manos; ésos son nuestros momentos para decirnos "te amo, te necesito".

—Durante uno de nuestros fines de semana solos asistimos a un show de magia con David Copperfield —recuerda Lonny—. Estuvimos en un motel cerca del lugar donde se presentaba, y fue como estar en el paraíso. Compartimos algunos momentos íntimos juntos y eso significó mucho para nosotros... pasar todo el fin de semana con alguien a quien realmente amo y que en verdad me interesa. Ahora estoy aprendiendo algunos trucos de magia y me gusta ver que Rosalyn disfruta ser parte de algo que a mí me gusta hacer.

Lonny y Rosalyn están aprendiendo lo valioso que es hacer tiempo para sí mismos sin interrupciones. —Estoy aprendiendo que si puedo aceptar a mi esposa tal como es, entonces puedo comenzar a ser yo mismo —afirma Lonny—. Para mí, son necesarios estos fines de semana alejados, sin tener que preocuparnos por los niños, el perro ni ninguna otra cosa. Ahora sabemos que debemos sacrificar algunas otras cosas para hacer posible esos fines de semana cada dos o tres meses, pero nuestra relación lo vale.

Otro aspecto importante ha sido aprender a interesarnos en lo que el otro está haciendo. —Por ejemplo, comencé a asistir a la iglesia junto con Rosalyn —declara Lonny— y esto la ha hecho muy feliz porque su iglesia se ha convertido en una parte fundamental de su vida. Ahora, éste es otro interés que compartimos.

Sin embargo, justo cuando los Hansen comienzan a pensar que ya tienen todo solucionado, algo sucede. —Pero también estamos descubriendo una fortaleza que no sabíamos que teníamos —sostiene Rosalyn—, y estamos dispuestos a darle todo lo que hemos logrado. Estoy convencida de que Lonny y yo nunca nos habríamos recuperado solos hasta el punto al que hemos llegado. Tenemos que seguir aprendiendo a comunicarnos, y para lograrlo realmente hemos necesitado que una tercera persona (nuestro asesor) sea una especie de intérprete entre los dos.

Lonny está de acuerdo. "Estoy seguro de que seguiremos necesitando a nuestro consejero matrimonial durante algún tiempo todavía. Alguna vez pensé que no podríamos costearlo, pero ahora sé que nuestro matrimonio no tiene precio y vale cualquier cosa que tengamos que gastar o invertir en él.

Creo que hay un "Plan A" para todo, creado por Dios, bendecido por Cristo y fortalecido por el Espíritu Santo. Los obstáculos que se interponen en el "Plan A" requieren atención, y casi todas las parejas, dentro de su desesperación, se preguntan si tienen la suficiente fortaleza para hacer los cambios. Sí, las relaciones sanas requieren paciencia y persistencia. Pero el vivir enfermos también paga su cuota. Con el tiempo, conservar un buen matrimonio es menos estresante que las viejas formas destructivas; además, la vida abundante es gratificante, mientras que los esfuerzos por mantener una vida rota sólo desgastan y vacían el espíritu humano.

Lonny resume la lucha que han sostenido los dos, de esta forma: —Es como si hubiera estado atrapado en una camisa de fuerza durante muchos años, forcejeando con ella y tratando de escapar, y no soy lo suficiente buen escapista para salir solo de esa camisa de fuerza. Otras personas han debido ayudarme a salir y, una vez que lo logré, la presión se acabó. Ahora que no estoy amarrado, puedo elegir lo que quiero, y estoy eligiendo el amor y la felicidad.

En lo que se refiere a sus hijos, que tenían 11 y 16 años respectivamente cuando Rosalyn dio el ultimátum a su esposo, ella comenta: —Aun cuando hemos tenido que alejarnos de nuestros hijos, a veces para trabajar en la terapia y otras veces sólo para estar con nosotros mismos, Cari y Luke han recibido todo el amor y calor que les había faltado antes, y por ello creo que han ganado más que perdido. En la forma que antes eran las cosas, siempre era muy difícil hablar con ellos sin tener que gritar.

Tanto Lonny como Rosalyn están de acuerdo en que a medida que su matrimonio se va saneando, así su vida familiar. —Es muy distinto ahora para nuestros hijos —reflexiona Rosalyn—. Si Lonny y yo nos hubiéramos dado por vencidos y nos hubiéramos separados, habrían obtenido poco menos que media familia. Sólo podrían relacionarse con nosotros por separado, sin poder compartir nada en esa tercera di-

mensión que es la cálida relación que ahora disfruta-
mos entre nosotros.

Rosalyn asevera que es una maravilla poder decir
a sus hijos, juntos, que los aman, y darles un amoroso
beso antes de irse a la cama. Y agrega, —Me pregunto,
¿cuán diferente sería mi vida si me lo hubieran dicho
cuando era niña?

2

Enfermo y cansado de sentirse enfermo y cansado

Matt Bentley escuchó cómo el auto entraba por la cochera, el golpe de la puerta al cerrarse y, un momento después, la llave de su esposa en la cerradura. Se encontró con ella en el pasillo del frente.

—Hilary, ¿en dónde has estado?—, preguntó con exigencia, su tono de voz pasando de la preocupación al disgusto, ahora que ella estaba en casa a salvo.

—Oh, mmm… sólo fui a visitar a Betsy un rato—, respondió Hilary a la ligera, encogiéndose de hombros, quitándose la chaqueta y colgándola en el clóset del pasillo. —¿Recogiste la ropa de la tintorería como te pedí?

—Él conocía muy bien esa táctica: cambiar de tema, tomar al esposo por sorpresa, trasladar el enfoque a la otra persona.

"¿Por qué había olvidado hacerlo?", pero se escuchó decir, —Por supuesto que sí.

—Bueno, ¿en dónde está?

Se molestó; quiso cambiar el enfoque de nuevo a su ausencia no explicada, pero había perdido el control y lo sabía.

—Oh, probablemente en el auto.

—Está bien, iré por ella.

—No, espera, yo la traeré.

Pero ella ya estaba afuera y se dirigía al auto de él. Cuando regresó a la casa sin la ropa de la tintorería, sólo se quedó mirándolo con fastidio.

—Bueno, iba a pasar a recogerla—explicó él de manera poco convincente.

El hermoso rostro de Hilary, enmarcado con sus anteojos de armazón de alambre y su cabello recogido, se ensombreció con la ira no expresada. –Ahora tendré que recoger la ropa yo misma.

—No me dejaste una nota —continuó Matt débilmente, tratando de recuperar la conversación, aunque sabía que era inútil.

Hilary hizo caso omiso de su comentario y se dirigió a la cocina. —Sabes que me disgusta usar vestido en la librería…— su voz se desvaneció mientras él escuchaba cómo se abrían las puertas de la alacena, y volvió a aparecer, —…pero tu madre quiere que use algo "presentable" cuando espero a los clientes—. Y escuchó el golpe de una cacerola.

Todavía parado en el pasillo del frente, Matt suspiró. Ella había mentido respecto a la visita a Betsy, él lo sabía porque... porque era el mismo pretexto que él le había dicho a ella todos los días.

—Voy a sacar la basura, querida. (Sólo una excusa, cualquiera, para zamparse un par de cervezas en la cochera).

—¿Me das unos segundos? (Sostiene su copa de vino con una sonrisa benigna mientras ella se la vuelve a llenar voluntariamente... a sabiendas de que ella no sabía de las dos veces anteriores que él ya se había llenado la copa cuando ella salió de la habitación, primero para sacar del horno el plato principal, y luego para contestar el teléfono).

Siempre pagaba en efectivo en la licorería para que ella no supiera cuánto vino compraba... para luego acumular las botellas vacías en la cochera y sacarlas él mismo los días que venía la basura, a fin de que ella no pudiera verlas... procuraba beber cuando ella no estaba cerca... daba respuestas vagas cuando se entretenía en la cantina para tomar algunas copas.

Y hoy... él sabía por qué había olvidado recoger la ropa de la lavandería: quería llegar pronto a casa porque en realidad necesitaba un trago.

Matt se observó en el espejo del pasillo: cara redonda y agradable; frente amplia con algunas entradas en su cabello oscuro y rizado; anteojos apoyados sobre una nariz atractiva, y una boca que podía curvarse en una encantadora sonrisa.

Se estremeció. Lo que realmente vio fue a un alcohólico frente a él.

Una gran tristeza lo invadió y no le quedó más remedio que cerrar los ojos para evitar ver su imagen. Era una manera de mentirse a sí mismo. Mientras Hilary y otras personas no supieran cuánto bebía, podía engañarse a sí mismo pensando que no estaban tan mal las cosas. Pero consideraba a Hilary como la fuerte de la casa… contaba con su esposa y, si ella le estaba mintiendo… sabía que sólo era cuestión de tiempo para que todo su mundo quedara destruido.

• • •

El corazón de Hilary le latía con toda fuerza mientras abría las puertas de la alacena y ruidosamente sacaba una sartén de entre un mar de cacerolas. ¿Qué diablos hacía Matt en casa? Ella había creído que estaría trabajando hasta tarde haciendo los pedidos para la librería. Su intención había sido llegar a casa antes que él pero… ahora, ¿qué iba a suceder? ¿Acaso se dio cuenta de que su esposa y su madre salieron de la librería al mismo tiempo? ¿Ató cabos y se percató de que su familia estaba "haciendo un complot" para confrontarlo?

De pronto, Hilary sintió que iba a llorar, así que corrió al baño, cerró la puerta con seguro y se puso una toalla en la boca para ahogar los sollozos que dolorosamente salieron a la superficie. Hacía muy poco tiempo que había logrado reunir el valor para hacer una intervención: que toda la familia confrontara al alcohólico para ayudarlo a dejar de negar lo que era evidente. Era su última esperanza para salvar su matrimonio. Pero si Matt descubría el plan… ¡no! ¡Tenía que funcionar! No podría soportar el seguir así, viendo a su esposo tratar de esconderse detrás de su alcoholismo y sus negaciones, encerrándose en sí mismo y alejándola a ella.

Estaban dejando de ser una pareja. Matt a menudo se esperaba para ir a la cama hasta que creía que ella estaba dormida, y luego se acostaba dándole la espalda. No se enojaba, no gritaba... simplemente no estaba ahí. Parecía, más bien, estar perdido en sí mismo y parecía no importarle si ella estaba ahí o no. Incluso sin palabras, el rechazo calaba muy hondo.

No siempre habían sido así las cosas. Hilary pensó en la época, ocho años atrás, cuando conoció a Matt Bentley. Ya casi tenía 29 años, trabajaba para la Cruz Roja de Washington, DC y se preguntaba si permanecería soltera el resto de su vida. En el trayecto de regreso a casa, a North Carolina, una de sus amigas le presentó a un hombre del departamento de parques urbanos, quien asistía a la misma iglesia de los padres de Hilary. Matt Bentley tenía 35 años (seis años mayor que ella) y era divorciado, con dos hijos que vivían con la ex esposa.

La soltería de Hilary había durado mucho tiempo. Había salido con muchos chicos, pero nunca había conocido a nadie que le pareciera el hombre correcto antes de ahora. Casi desde el primer día que salió con él, dejó de sentirse una solterona.

Matt y Hilary se casaron seis meses después. Ella comenta, —Me sentía muy feliz, en paz y segura, e incluso cuando Matt perdió su trabajo en la ciudad cuatro meses después, todo estaba bien para mí. Nos arrodillamos y oramos en nuestro pequeño departamento, y seguimos adelante. Entre mis alumnos de piano y su paga por desempleado, apenas la íbamos llevando. Estaba deprimido y bebía un poco, pero nunca se puso de malas ni fue violento, sólo era callado, así que seguí disculpándolo, principalmente porque yo también había pasado por momentos difíciles y los demás me habían tenido paciencia.

Hilary sabía de las malas rachas. Al ser una hija de los 60's y los 70's, había sido hippie durante algunos de esos años, y bastante promiscua. A los 20 años quedó embarazada y dio a luz a un bebé varón. Sus padres estaban avergonzados y trataron de mantener en secreto todo el asunto, y luego, al estar consciente de que no tenía nada y no podía proporcionarle un verdadero hogar a su hijo, lo entregó en adopción.

—Él estará bien —le aseguró una amiga durante uno de sus ataques de llanto después de entregar al bebé—. Tendrás más hijos después, cuando te cases y sientes cabeza. Sabes que estás haciendo lo mejor por éste. Era el mismo consejo que había escuchado de sus padres, el abogado, la trabajadora social y la enfermera de maternidad.

Pero ella no estaba segura de que fuera lo correcto. La confusión y el dolor reprimido alimentaron la locura de sus años de hippie y, después, a los 25 o 26 años de edad alguien le ayudó a acercarse a Jesús. Su conversión espiritual trajo paz y estabilidad a la vida de Hilary y también le hizo sentir el deseo de casarse. Pero pasó algún tiempo antes de que conociera a Matt.

Después de todos esos años de preguntarse si tendría más hijos, allí estaba, de pie frente el altar de la iglesia con Matt junto a ella, sonrió ante el rostro radiante de él y dijo "Acepto". No había necesidad de recordar el pasado, el futuro estaba frente a ellos. Después de todo, a Matt le gustaban los niños y, juntos, ansiaron tener hijos. Pero no se apresuraron, lo cual fue bueno si se considera que Matt perdió su trabajo algunos meses después de la boda. Hilary no estaba preocupada; después de todo, él ya era padre de dos hijos y ella seguía siendo joven. Tenían tiempo.

Todos tenemos un mundo interior lleno de ideas y sentimientos, y algunas veces estamos conscientes de nuestro lado privado, aunque otras veces no. Ninguna persona tiene una idea exacta de lo que está sucediendo en su interior, y ningún matrimonio es tan íntimo como para que los dos se comprendan mutuamente y por completo.

Debemos tratar de tener conciencia de nosotros mismos y un entendimiento mutuo en el matrimonio, pero esto sólo puede lograrse en forma parcial. No es indispensable conocer cada momento de la vida de la otra persona, pero, nuestro mundo interior, ya sea privado o secreto, quedará reflejado en nuestra vida y nuestros actos públicos.

Un mundo privado es muy distinto de un mundo secreto, y ser uno mismo es muy diferente de esconderse. Lo lamentable en este caso es que Matt y Hilary se están escondiendo... tanto de sí mismos como del otro.

Pero las señales externas y los síntomas son muchos. Tal vez Hilary no lleve a cabo una cuenta de nivel de alcohol en la sangre de su esposo, pero está bastante consciente de las consecuencias. Su dolor interno tal vez no lo exprese en forma verbal pero, con el tiempo, es el que genera sus respuestas de ira.

Cuando los Bently decidieron tratar de tener un hijo, los meses transcurrieron y Hilary no quedó embarazada. Un poco ansiosa, sugirió que ambos se hicieran estudios médicos, lo que Matt aceptó. Hilary hizo una cita con su ginecólogo y comenzaron a hacerle algunas pruebas de fertilidad.

—¿Ya hiciste la cita con el doctor? —preguntó Hilary a su esposo.

—¡Oh, diablos! Lo olvidé —respondió Matt golpeándose la frente avergonzado. —Le llamaré mañana.

—Después de los análisis, las pruebas iniciales de Hilary mostraron que todo estaba bien.

—Las siguientes pruebas tienen que ver con procedimientos quirúrgicos —le explicó el ginecólogo—, pero antes de que vayamos en esa dirección, debemos conocer los resultados de los exámenes de su esposo—. Así que Hilary preguntó a Matt, por segunda vez, si había hecho la cita.

—Sí, sí, ya me hice cargo de eso, y todo está bien— le aseguró, pero ella nunca vio ningún papel ni informe de laboratorio.

"¿Acaso Matt no sabe lo importante que esto es para mí?", pensó Hilary molesta. "No sólo para mí, ¡para nosotros! Creí que los dos queríamos tener hijos". Frustrada, llamó al doctor de Matt y descubrió lo que ya sospechaba: no se había hecho ningún examen. Ella misma hizo la cita y fue con él para asegurarse. Cuando estuvieron listos los resultados, él médico habló con los dos.

—Me temo que la diabetes te ha hecho estéril, Matt —anunció el doctor—, es uno de los efectos secundarios de la enfermedad y, a tu edad...

Los dos se quedaron pasmados. De camino a casa, Matt se disculpó, —Lo siento cariño, no tenía idea.

—No es tu culpa —respondió Hilary apenas con un hilo de voz—. Sólo tenemos que aceptarlo y decir "Alabado sea el Señor" de cualquier modo.

Ella pronunció las palabras pero, en casa, el dolor y la decepción la hicieron llorar... ríos y ríos de lágrimas.

Sintiéndose miserable, Matt se alejó con otro trago. Los ya conocidos sentimientos de fracaso parecían robarle toda la fortaleza. Primero, su divorcio después de 11 años de matrimonio; después, perder su empleo con la ciudad. Los meses de desempleo se convirtieron en años y no podían tener estabilidad. Y ahora esto.

Matt trató de deshacerse de aquellos molestos sentimientos. —No es para tanto— se dijo. Después de todo, ya tenía dos hijos de su primer matrimonio aun cuando nunca los veía. Y estaba llegando a los 40, tal vez era demasiado viejo para pensar en bebés, de todos modos. Sin embargo..., sabía que Hilary estaba devastada; pero, ¿qué podía hacer al respecto?

Sin saber cómo manejar las lágrimas de Hilary, Matt se retiró un poco más a su concha e hizo lo único que podía hacer para enterrar más el dolor.

Hilary, mientras tanto, trató de calmar la ira que sentía; después de todo, trató de razonar, Matt no podía ayudarla... así son las cosas. Pero, ¿por qué se le seguía "olvidando" hacer la cita? ¿Tenía alguna sospecha de la diabetes? ¿Estaba él esperando que las pruebas de ella arrojaran algo que hiciera que fuera culpa de ella?

Un sábado, mientras Matt estaba fuera de casa haciendo un trabajo temporal, la ira explotó y ella se pasó el día gritándole a Dios. —¿De qué se trata? —vociferó en la casa vacía.

Estuve soltera mucho tiempo y hasta renuncié a mi propio hijo. Luego Tú me diste un esposo que ya tuvo dos hijos. Pensé que de esa manera me estabas asegurando que me ibas a dar hijos también. ¿Por qué me has abandonado?

¡No era justo!

Finalmente, su rabia pasó. Pero la decepción y un profundo dolor se instalaron en su alma y permanecieron en ella durante mucho tiempo.

Mientras tanto, las pequeñas mentiras de Matt para ocultar la gravedad de su alcoholismo se convirtieron en un hábito inconsciente. Viendo ahora las cosas en retrospectiva, comenta, —Mi interés en el sexo disminuyó y mi capacidad para demostrar mi cariño desapareció. ¿Cómo podía acercarme a Hilary si ella podía oler que había bebido? ¡Nadie puede beber tanto y no apestar! El único momento en el que me sentía seguro de acercarme era cuando ella también bebía, lo que no era muy frecuente. Pero en esas ocasiones ella bebía lo suficiente para perder el interés en mí—. Él estaba atrapado en la trampa del vicio, y no tenía la energía ni la fortaleza para hacer algo al respecto. –Necesitaba mucho que alguien me amara —declara Matt—, pero había perdido la capacidad para expresarle mi amor a mi esposa y a cualquier otra persona.

En esa época Hilary no entendía los efectos del alcohol y no hacía ningún escándalo porque Matt bebiera. —No sabía nada acerca del alcoholismo —reconoce ella—, todo lo que sabía que él se estaba alejando de mí. De verdad duele mucho cuando alguien te ignora, y pensé, *Si Matt ya no me ama ni me desea, entonces probablemente nadie lo hará.*

La interpretación que hacemos del significado de las cosas, influye directamente en la manera como nos sentimos. Si no existe una comunicación abierta y clara, las parejas quedan atrapadas en un patrón de reacciones a malas interpretaciones.

Cada uno de los cónyuges (herido, hambriento sintiéndose impotente) se aleja. Esa persona de la que esperamos más nos está abandonando, y ello provoca profundos sentimientos de desesperación.

Los Bently apenas llevaban tres años de casados y, ante sus amigos, parecían una pareja feliz, pero, como Hilary recuerda, —Sentía como si hubiera ratas que se estuvieran comiendo la tela de nuestra vida. No podía verlas ni identificarlas, así que tampoco sabía qué hacer. Matt me decía que todo estaba bien y yo quería creerle, pero las cosas no me parecían bien a mí. Así que, estaba muy confundida y me sentía sumamente desesperada, y ni siquiera sabía por qué.

Un día particularmente malo, Hilary no pudo dejar de llorar. Aun cuando se había dicho que nunca haría eso, empacó una maleta, le dejó a Matt una nota muy drástica, y llamó a sus padres para que fueran a recogerla.

—Me sentía terrible —recuerda—, miserable, decepcionada, atemorizada y sola. Todas las esperanzas que había puesto en mi matrimonio habían desaparecido. Toda aquella tarde, en casa de mis padres, lloré y esperé a que Matt me llamara... pero no lo hizo. Cuando Matt encontró la nota de Hilary, parecía como si un profundo abismo se hubiera abierto frente a él. Realmente amaba a Hilary y no quería perderla. ¿Qué iba a hacer? ¡Tenía que pensar! Empacó algunos implementos para acampar, se subió al auto y se dirigió a una montaña cercana en donde pasó la noche en el mismo estado que su esposa: sintiéndose miserable, atemorizado y solo.

Al día siguiente llamó a Hilary. Ella fue a casa y los dos hablaron. Ella trató de decirle que se sentía muy rechazada y que no entendía por qué la mantenía fuera de su vida. El no poder tener un hijo seguía doliéndole, pero era más que eso.

—Hilary —le dijo Matt mientras respiraba hondo—, debo decirte algo... algo que debí decirte antes de que nos casáramos. Tengo problemas con la bebida, y creo que ésa es la razón por la que nuestro matrimonio está en problemas.

La primera reacción de Hilary fue la conmoción. ¿Matt? ¿Un alcohólico? Después la vergüenza (¿Qué pensarán mis amigas?) —¡Pero también me sentí aliviada! —afirma Hilary.

—El problema por el que estábamos pasando tenía un nombre—. En un arranque de buenas intenciones, los dos asistieron a algunas reuniones de AA y de Al-Anon, y Hilary leyó algunos libros sobre el tema, pero la asistencia a dichas reuniones pronto de suspendió y, en el plazo de unos cuantos meses, los antiguos patrones volvieron a aparecer, y la vida se estableció nuevamente en la monotonía y el dolor.

Pero por lo menos ahora, Hilary conocía el nombre del enemigo. Después de aquella noche en la montaña, Matt se lo había dicho con toda claridad, —El alcoholismo se ha llevado nuestra vida, nuestra fuerza y nuestra esperanza—. Eso era cierto. Hilary había sido paciente durante tanto tiempo que se sentía medio muerta. —No pude imaginar qué otra cosa puedo hacer para que las cosas estuvieran bien— comenta ahora—, así que me di por vencida. Le dije a Dios que si Él quería que yo viviera en un departamento rentado con un alcohólico por el resto de mi vida, era asunto Suyo. Pero estaba muy decepcionada… y enojada con Dios también.

Aproximadamente en esa misma época, mientras se encontraba lejos en una conferencia profesional, Hilary también cedió a un viejo hábito y tuvo un romance con otro hombre. —Estaba tan cansada de sentirme rechazada y fuera de la vida de Matt —explica ella—, que para mí fue un gran alivio conocer a alguien que me sintiera algún deseo por mí. Pero esa aventura también me provocó tanto temor que en el plazo de un año tuve sexo con alguien más —otra aventura de una noche— para romper la singularidad del primero.

Me odié por volver a caer en los viejos patrones y luché un tiempo antes de que Dios me ayudara a liberarme. Realmente deseaba tener fe en Dios y en Sus principios y eso me hizo salir adelante a pesar de todo.

En cuanto a Matt, vio cómo su matrimonio se desmoronaba, pero él, también, se sentía incapaz de hacer algo al respecto. —Me casé con Hilary porque la amaba mucho —reflexiona—. Mi primera esposa y yo nos habíamos fugado cuando éramos adolescentes, y quedó embarazada. Fue muy difícil desde el principio y todo terminó en un doloroso divorcio.

"En contraste, Hilary era casi todo lo que yo había querido en una esposa, y ya no éramos unos niños. Sabía que este matrimonio sería diferente; nuestras respectivas familias nos apoyaron y celebramos nuestra unión en la iglesia. Creía que me había casado esta vez bastante conciente y que con suficiente amor y la bendición de Dios, no podría fallar (otra vez) como esposo."

Pero falló. Matt ya era un alcohólico activo cuando se casó con Hilary, aunque no estaba dispuesto a admitirlo hasta el día que ella lo dejó y se fue a casa de sus padres. —En ese momento —dice él—, mi autoestima y mi habilidad para funcionar de manera productiva, que nunca habían sido muy altas ninguna de las dos, llegaron a un punto verdaderamente bajo. Yo me sentía abrumado por la culpa, la soledad, el miedo, la vergüenza y la horrible sensación de fracaso.

—Dentro de mi cabeza seguía escuchando "No puedes hacer nada bien", una expresión que a menudo había escuchado de niño.

Matt había crecido como "el hijo perdido" de una familia alcohólica. La adicción de su padre a la bebida había controlado a la familia; su madre cumplía la función de "posibilitadora", y manipulaba a su padre en un esfuerzo por mantener las cosas unidas y controladas. El hermano menor de Matt fue el "héroe", capaz de todo, y creó una vara de medir con base en la cual Matt era comparado.

—No crees problemas —le decía su madre constantemente—. Ven a casa después de la escuela; ¿por qué no puedes ser como tu hermano?—. Y así fue como aprendió tan bien la lección de esconder la verdad.

Después de confesarle a Hilary "su problema con la bebida", Matt siguió bebiendo. —Ya no tenía fuerzas para mantener la farsa. Mi vida se centraba en al alcohol —admite él ahora—. Bebía las 24 horas del día y me prometía yo mismo dejarlo al día siguiente, tratando de aferrarme a la última esperanza y diciéndome que, después de todo, las cosas no eran tan malas todavía.

El alcoholismo no sólo afecta las relaciones de una persona, también afecta a todo su organismo. Las adicciones son ansias muy fuertes y compulsivas. Desde el punto de vista tanto físico como emocional, el alcohólico tiene la sensación de estar "fuera de balance", "incapaz de enfrentar nada", "en problemas" si no consume alcohol.

Es casi como si se estableciera una creencia física y mental distorsionada. El alcohol se ve como un agente químico natural del cuerpo, y el alcohólico experimenta un "deficiencia de alcohol" constante. Pero un alcohólico que bebe alcohol es como un hombre sediento que bebe agua salada: por el momento siente alivio, pero a la larga ese alivio resulta ser un veneno.

Aquel mismo año, sin embargo, después de varios meses de un rotundo desempleo, Matt consiguió un empleo ayudando a su madre a abrir una librería. Hilary se dijo que ahora las cosas empezarían a mejorar. —Cuando me pidieron que me uniera al negocio de la familia, me sentí contenta de contribuir a que las cosas funcionaran y terminé quedándome en ese trabajo durante cuatro años porque me volví indispensable.

Aun cuando "conseguir un empleo" debió aliviar un poco del estrés financiero que los Bently estaban experimentando, las cosas no resultaron así. —Oh, hubo algunas cosas buenas—, reconoce Hilary—. Los libros y los clientes son agradables, pero el aspecto financiero era horrible. Bentley Books no contaba con el suficiente capital para administrarse apropiadamente, y de todos modos necesitábamos tener ingresos de otras partes.

Hilary hizo lo que pudo para mantener las finanzas bajo control, —Pero Matt y mi suegra llevaban los aspectos del día a día —asevera ella irónicamente—, y eso creó una gran cantidad de conflictos.

Matt, también, sacude la cabeza por el estado de estos asuntos. —Yo había sido incapaz de manejar nuestros asuntos financieros con algún orden casi desde que nos casamos—, admite—. Si algo llegué a pagar, fue por accidente, pues la única cosa que me interesaba desde el punto de vista financiero era tener suficiente dinero para beber. Cuando se inauguró la librería, supuestamente Hilary y yo íbamos a trabajar juntos en un negocio familiar pero, en realidad, ella invirtió una buena cantidad de tiempo y energía cubriéndome o rescatándome, todo lo cual se sumó a la carga de culpa que yo llevaba y disminuyó todavía más mi autoestima.

A decir de Hilary, —Nunca me pagaron, más bien, yo era la que llevaba la mayor carga de estrés emocional. Generalmente logramos obtener de la librería el suficiente dinero para pagar la renta, pero no mucho más. Supongo que Matt tomaba un poco de ese dinero para el alcohol y para comprar revistas pornográficas, lo cual me hacía sentir impotente y enojada. Resentía no tener suficiente dinero para las cosas que necesitaba, y por que mi madre era la que me compraba zapatos y ropa cuando debía tenerlos. Enfrentaba esta situación llorando y durmiendo mucho.

No mucho tiempo después de que Matt y Hilary comenzaron a trabajar en la librería recibieron una llamada telefónica de la ex esposa de él en la que le informaba lo siguiente, —Tu hija quiere irse a vivir contigo —la voz del otro lado de la línea sonada bastante indiferente—. ¿Tienen lugar para ella?

Los dos dijeron que sí, y Cherri llegó una semana después, una adolescente asustada y rebelde de 17 años.

(Después nos enteramos —añade Hilary— de que la madre de la chica le había dado a elegir entre ver a una psiquiatra una vez a la semana, ser colocada en una casa de adopción, o ¡irse a vivir con papá!). Cuando Cherri se mudó para vivir sola un año después, el hijo de 16 años de Matt, se mudó con nosotros. La vida se volvió aún más complicada.

Muchas veces Hilary se preguntó que los hizo seguir durante esos años. —Creí que debía soportar la situación sin causar problemas. Estaba convencida de que Dios quería que estuviéramos juntos y, de esta forma, ésa sería mi cruz. Después de todo, a otras personas les iba peor, ¿no?

—Asimismo —agrega ella—, aunque había mucho dolor con Matt, seguíamos teniendo momentos especiales que nos hacían aguantar. Era una situación agridulce, supongo, así que seguí intentando y teniendo esperanza.

Lo extraño es que, una de las cosas más difíciles que Matt enfrentó durante ese tiempo fue el silencio. – Nadie (ni Hilary ni mi familia, ni mi iglesia) me confrontaron por mi manera de beber durante esos años. Parecía que a nadie le importaba lo suficiente para desafiarme por aquella muerte lenta, la muerte de nuestra relación y nuestro matrimonio, el deterioro de mi salud y mi incapacidad para comunicarme.

—Estaba perdiendo casi todo lo que alguna vez me había importado. Perdí casi toda mi capacidad para funcionar como esposo y como amante, todo interés en la diversión, en la iglesia y en la Gracia salvadora de Dios, en las funciones sociales y en las reuniones familiares... en casi todo excepto sacar la basura cada semana, y eso era sólo porque necesitaba más espacio para desechar las botellas vacías.

Tocar fondo.

No tener a dónde ir más que arriba.

Todos tenemos una especie de umbral o límite en el que determinamos que está el final de la línea. Mucha gente tolera mucho antes de que comience a buscar y a trabajar por la recuperación. Otras personas sólo toleran y existen.

Si bien siempre hay una gran cantidad de retrospectiva, la realidad parece ser que somos criaturas muy complicadas en cuestiones de tiempo. Predecir lo que una persona se tarda en empezar a cambiar es como tratar de predecir el clima... en particular cuando el alcohol está involucrado.

Para Matt y Hilary, tal parecía que habían llegado a tocar fondo, pero los conflictos y la relación se hallaban en terreno pantanoso, y aún no habían llegado a tocar la fría y dura realidad.

Hilary hizo un viaje a Houston para visitar a una antigua compañera de cuarto de la facultad, "sólo para escapar".

El domingo, su amiga la invitó a participar en el culto de una parroquia episcopal de renovación. Hilary recuerda que, —Lo primero que noté fue que toda la congregación rezaba el Padre Nuestro junta, en voz alta, ¡como si todos estuvieran de acuerdo! Es decir, no es común que en una parroquia episcopal la gente alce el tono de sus voces.

—Después, durante las oraciones comunitarias, el sacerdote dijo, "Oremos por Dennos y Rita Bennet, que iniciaron la conferencia de curación aquí esta semana". Me quedé con la boca abierta. Yo me había enterado de esa conferencia varias semanas antes y había tirado a la basura el anuncio porque no había forma de que asistiera. Ahora, era como si Jesús me hubiera mandado una invitación en bandeja de plata: "Hija mía, ¿quieres ir?" Y ahí estaba, sin que nada se interpusiera entre la conferencia y yo.

Esa conferencia de curación fue un punto clave, espiritualmente hablando, para Hilary. —Recibí una "curación de la memoria" que tenía que ver con diversos rechazos que había experimentado en mi vida. No lo entendí por completo, pero, definitivamente, hubo una curación—. Un segundo acontecimiento importante fue una palabra de uno de los demás asistentes a la conferencia, quien no tenía la más remota idea de la situación de Hilary en ese momento: "Si una persona está abusando de una sustancia química, casi siempre debe alejarse primero de esa sustancia para que las oraciones puedan llegarle.

Fue entonces cuando Hilary supo lo que debía hacer. La combinación de estos dos sucesos le dio el valor y la determinación para comenzar a planificar una "intervención" en beneficio de Matt (cuando todos los miembros de la familia están de acuerdo en que su ser amado necesita ayuda y trabajan juntos para ver que eso suceda).

Una vez de vuelta a casa en Carolina del Norte, sin que Matt se diera cuenta, convocó a una reunión con los dos hijos de su esposo, su mamá, su hermano y los padres de ella misma. —Esa reunión en realidad nos ayudó a reconocer, como familia, que Matt era un alcohólico —afirma Hilary—, pues, antes, cada persona conocía sólo una pequeña parte, pero cuando compartimos la experiencia y las observaciones de cada uno, entonces pudimos ver el cuadro completo.

Fue después de esa reunión cuando Matt enfrentó a Hilary en el pasillo delantero de su casa, queriendo saber en dónde había estado. Las obvias mentiras de ella lo asustaron. ¿Por qué le había mentido de esa forma? —No tarde mucho en darme cuenta de qué se trataba —asegura—. Una parte de mí estaba lista para someterse a un tratamiento contra el alcohol, pero yo debía tener el control. Sin dejar que se diera cuenta de que sospechaba lo que estaba pasando, comencé a hacer lo mío para provocar interrupciones y tratar de controlar la situación.

Aproximadamente por aquella época, el hijo de Matt, Jamie, destrozó la pick-up cuando se suponía que debía estar en la escuela, y la policía encontró una mochila de cerveza en la cabina. Irónicamente, ¡Matt quiso hablar de someterlo a tratamiento!

Esto fue demasiado para Hilary. Allí estaba, ¡trabajando con el hijo para intervenir en la vida de su padre, y trabajando con su esposo para intervenir en la vida de su hijo!

Después, la mañana de la intervención crítica, la madre de Matt le llamó a Hilary para decirle que no participaría en el plan.

—¡Pero, señora Bentley! ¿Por qué? Creí que estábamos de acuerdo en que Matt necesita ayuda y ¡él no va a ingresar en el hospital por voluntad propia! Hilary se esforzó por hacer que su voz no sonara desesperada.

—Pero es demasiado drástico —dijo la suegra con mucha cautela—. Tal vez me escuche su hablo con él. Ni siquiera he tratado de pedirle que deje de beber.

—Oh, señora —gimió Hilary—, eso no…

—Bueno, no creo que su manera de beber sea tan grave como para tener que recluirlo en un hospital. No es el borracho del pueblo, ¿verdad? Y yo no voy a ser parte de andar haciendo un complot en su contra.

Después, el hermano de Matt también llamó. —Lo siento, Hilary —comenzó—, pero si mamá no está de acuerdo y no piensa participar en esta intervención, no va a funcionar. Así que tampoco cuentes conmigo.

Desanimada, Hilary llamó a sus padres.

—Supongo que voy a tener que cancelar la reunión —se quejó—. La familia de Matt se está arrepintiendo, y tal vez ustedes tampoco quieran participar.

Tal parecía que la "intervención" no iba a funcionar. Frustrada y disgustada, Hilary se dio cuenta de que no debía sorprenderle, pues varias generaciones de alcoholismo en la familia de Matt habían creado una maraña de aprietos emocionales y "co-dependencia".

¡Pero se trataba de su vida y su matrimonio! No podía darse por vencida ahora, aun cuando tuviera que hacer la intervención ella sola, debía intentarlo.

Llamó al centro de tratamiento del hospital y habló con el asesor, quien le dijo, —Estaré aquí toda la tarde, Hilary, pero no puedes traer a tu esposo a menos que le digas la verdad de por qué va a venir.

El miedo se apoderó de Hilary. No tenía ninguna garantía de que Matt aceptara el tratamiento. "¿Y si me deja?", pensó, tratando de dominar el pánico que amenazaba con paralizarla. Pero no, no podían seguir así, tenía que correr el riesgo.

—Matt —le dijo con mucho cuidado—¿recuerdas al asesor con el que hablamos acerca de Jamie? Hice una cita con él para esta tarde, ¿vienes conmigo?

Matt hizo una pausa y asintió. —Está bien.

Hilary comenzó a temblar cuando entró con el auto al estacionamiento del hospital. Debía decirle ahora.

—Matt —comenzó, tragando saliva—, esta reunión no es acerca de la manera de beber de Jamie, es por ti—. Con una gran fuerza de voluntad, Hilary dejó de mirar el volante y se volvió para ver a Matt. —¿Vienes conmigo de todos modos?

Matt asintió. —Sí.

Hilary parpadeó. ¿Acaso él entendió realmente lo que le había dicho? Pero cuando se sentaron en el consultorio del asesor, éste le habló directamente a Matt. —Matt, ¿crees que tienes problemas con tu manera de beber?

—Sí —respondió Matt.

—¿Crees que eres alcohólico?

—Sí.

—¿Te someterías a tratamiento?

De nuevo, Matt respondió que sí.

—¿Cuándo quieres ingresar?

—¿Qué tal mañana?

Hilary estaba pasmada. Era casi como si le hubiera preguntado, —¿Vamos al cine esta noche?

—Sabía que era la mano de Dios —asevera—, porque no es muy frecuente que los alcohólicos acepten someterse a tratamiento.

En cuanto a Matt, comenta, —Estaba enfermo y cansado de estar enfermo y cansado.

La conversación más temida por los dos durante mucho era, de hecho, la que tenía que ver con la esperanza. ¿Una solución? No. ¿Un paso de fe? Sí. Sólo necesitamos arriesgarnos lo suficiente para dar el paso.

A menudo, el mensaje de las personas bien intencionadas es "no se hagan ilusiones", consejo que busca protegernos de desear que se acaben los problemas y fantasear con un futuro mejor.

Pero la esperanza es esencial para la vida. La esperanza, cuando se usa correctamente, nos mantiene abiertos a las posibilidades del amor redentor de Dios. Una esperanza sana nos hace pasar por la vida un día a la vez. La esperanza de Hilary llevó a Matt al estacionamiento del hospital, y la esperanza de Matt lo llevó a la puerta.

Fiel a su palabra, al día siguiente, Matt ingresó en el hospital para someterse a tratamiento. —Fue un momento muy solitario y que me causó mucho miedo —reconoce —pues, por primera vez en mi vida había visto mi vida de una manera más profunda y honesta, y hasta dónde había llegado y, descubrí que no había a nadie a quien culpar más que a mí—. Con la ayuda del personal de hospital, Matt comenzó a descubrir cómo le había afectado el hecho de haber crecido en un hogar alcohólico, en particular la manera en que nunca se había atrevido a sentir verdaderos sentimientos, ni se había permitido expresar los que tenía. Así era como su familia enfrentaba las cosas, fingiendo que todo estaba bien. Como Matt asegura ahora, "El silencio no es oro".

Cuando Matt entró a tratamiento, Hilary volvió a asistir a las juntas de Al-Anon. —No creía que lo necesitara, pero fui porque se supone que las esposas de los alcohólicos van a Al-Anon. Después de un tiempo, comencé a disfrutarlo, pues resultaba muy refrescante estar con otras personas que saben exactamente de qué estás hablando cuando sólo dices muy poco.

Al principio, el énfasis en el programa de Al-Anon, "Enfócate en ti mismo", parecía más bien egoísta, pero, poco a poco, Hilary se dio cuenta de que la Biblia hablaba de la misma paradoja: "Ama a tu prójimo como a ti mismo". En otras palabras, explica Hilary, —Empecé a aprender que me debía a mí misma cierto respeto y cortesía. Cuando pueda cuidar de mí misma, entonces podré cuidar, verdaderamente, de los demás. Cuando me respete a mí misma y me diga la verdad, entonces podré respetar a los demás.

Mientras tanto, Matt estaba aprendiendo algunas de las reglas básicas de un auto concepto sano y del respeto mutuo con los demás. —Al hacer uso de las herramientas y los recursos que estaba aprendiendo en el tratamiento, comencé a hablar de mis verdaderos sentimientos, en vez de decir lo que creía que los demás querían escuchar. Comencé a expresar las cosas de la manera como las veía y las sentía: mis propios sentimientos. Pero eso requiere práctica.

¿Quién mejor para ayudarte a lograr ese cambio que otros alcohólicos en recuperación que han pasado o están pasando por lo mismo? ¡Qué descubrimiento tan sorprendente! No estaba solo, a menos que eligiera estarlo.

Cuando Matt regresó a casa del hospital un mes después, inició el proceso de reconciliación con Hilary y con su propia familia. —Comencé a observar nuestro matrimonio y a preguntar qué podía hacer para que funcionara... porque eso era lo que quería que pasara. Sin embargo, aprendí que no importa cuánto quiera yo cambiar a una persona, sólo puedo cambiarme yo. ¡Qué gran revelación y alivio: sólo soy responsable de mí mismo! No debo tratar de controlar los sentimientos de los demás ni ser responsable de ellos. Y, también, pronto aprendí que cuidar de mí mismo es un ¡trabajo de tiempo completo!—Además de la dependencia química, Matt se dio cuenta de que había estado consumiendo el alcohol para esconderse de la realidad.

Durante varios años, Matt había perdido el interés en casi todo, excepto la bebida; ahora, comenzó a leer nuevamente: libros, periódicos, revistas, todo lo que estuviera relacionado con las áreas con las que estaba luchando. Otras personas, dentro de su grupo de apoyo, estaban haciendo lo mismo.

—Pronto me di cuenta de que en el mundo existe más información de lo que cualquiera de nosotros puede cubrir solo, así que nos pasábamos las cosas que leíamos.

Mucha información es buena, alguna no, así que tomé lo que me parecía más útil y no perdí el tiempo con lo demás; pero ahora sé que cuanto más sabemos, más emociones tenemos.

En cuanto a Hilary, —Pasaron nueve meses buenos después de que Matt recibió tratamiento y antes de que empezara a darme cuenta de que tal vez yo también necesitara alguna ayuda. Cuando comencé la terapia individual, mi asesor me pidió leer un libro que hablaba sobre cómo vencer la depresión. Yo no sabía que estaba deprimida hasta que leí ese libro. Me recordó el dicho, "Tanto tiempo de estar triste te hace creer que eso es lo normal".

Aproximadamente en ese mismo periodo, Matt y Hilary también iniciaron una terapia matrimonial. —Yo no creía que las cosas estuvieran tan mal—comenta Hilary—, pero, ¿entonces hasta dónde deben llegar para estar mal?

Algunas de las viejas creencias que se deben cambiar en el inicio de un proceso de recuperación son: "así es la vida", "no hay nada que pueda hacer", "la vida no tiene sentido".

Durante la recuperación, estas creencias se cambian por: "la vida cambia constantemente", "siempre tengo alternativas", "la vida es un regalo de Dios diseñada para ser feliz".

Hilary y Matt salieron de un contexto lleno de antiguos puntos de vista, opciones limitadas y habilidades inadecuadas para enfrentar las cosas, y se colocaron en contextos nuevos en los que pudieron encontrar nuevos entendimientos y estrategias.

En la terapia, Hilary tuvo que enfrentar algunas cosas de las que, incluso ahora, preferiría no hablar. Debido a mi confusión por mi embarazo a los 20 años, terminé por buscar la tranquilidad en las relaciones sexuales y me volví bastante promiscua, lo cual encajaba a la perfección con la cultura hippie durante aquellos años; pero ahora creo que más bien tenía una adicción sexual.

—A los 25 años de edad, me hice cristiana y Dios me dio una buena cantidad de gracia para mantenerme pura durante bastante tiempo. Pero luego que me casé con Matt, pensé que su rechazo significaba que no era digna de ser amada. En medio del pánico, busqué la tranquilidad nuevamente en unas relaciones sexuales que me llevaron a las dos aventuras breves que tuve, y eso me asustó tanto que me hizo encerrarme en mí misma todavía más y causó mucho daño, no sólo en mi matrimonio, sino en mi propia autoestima.

Después de esas aventuras, Hilary estuvo tensa durante muchos años. Finalmente, se lo confesó a un pastor que era su amigo y él le otorgó el perdón. —Eso fue mucho mejor —asegura Hilary—, pero el secreto seguía angustiándome—. Ella sabía que Dios la había perdonado... pero se seguía sintiendo mal y, lo que era peor, el centro de tratamiento donde Matt había estado había dicho: "Uno está tan enfermo, como los secretos que guarda".

Hilary pensó: *Yo tengo un secreto que no puedo contar... ¿qué voy a hacer? Si le digo a alguien, Matt puede enterarse, ¿y qué pasará después?*

Pero Hilary decidió que no quería tener un matrimonio con secretos, así que, finalmente, le habló a Matt de sus aventuras. —Fue horrible —admite ella—. Decirle aquel secreto fue una agonía para los dos, aunque ahora todo está mucho mejor. Definitivamente fue mejor sacar los secretos a la luz.

Algunas personas dicen que no hay que decir al cónyuge cuando se ha tenido una aventura, pero Hilary no está de acuerdo, al menos provisionalmente. —Creo que lo importante es qué clase de matrimonio quieres tener. Si hubiera seguido manteniendo el secreto —afirma ella enfáticamente—, no habríamos podido compartir nuestra historia hoy. Hay otras mujeres como yo que tienen mucho miedo de hablar las cosas. Eso te hace sentir aislado. Los secretos sólo conducen a una conducta más adictiva, con la comida, el sexo, el alcohol, las drogas, gastar dinero, o cualquier cosa, para ocultar el dolor.

Enterarse de las aventuras de Hilary fue muy doloroso para Matt. —Sé que no soy perfecto, así que he tenido que trabajar con mis sentimientos en lo que se refiere a este aspecto de nuestra relación; sin embargo, nuestra relación no está en riesgo... todavía estamos construyendo lo que hoy considero un matrimonio bueno, fuerte y que está creciendo.

Existía otro aspecto doloroso que debían enfrentar. —El dolor de no tener hijos probablemente era mayor— declara Hilary—, por el hijo que había tenido y que había entregado en adopción. Hay algo muy profundo y terrible en no poder criar a tus propios hijos.

Con el apoyo de Matt, ella comenzó a buscar al hijo que había entregado en adopción. Para hacerlo, tuvo que enfrentar otro secreto de la familia. —Ha sido muy difícil —admite Hilary—. Mis padres estaban muy avergonzados y apenados; por ejemplo, dijo mi mamá, "Si yo hubiera sido una mejor madre, tú no te habrías embarazado". Pensé que eso era interesante, dado que yo era la rebelde. Ella asumió demasiada responsabilidad.

Tres años después de iniciar la búsqueda, Hilary se reunió con su hijo, quien tenía 21 años entonces. Cuando se encontraron, él le dijo, —¡Nunca había conocido a nadie que se pareciera a mí!

—Había sido criado por personas que no formaban parte de su genes —explicó Hilary—. No se parecían a él, no hablaban como él ni actuaban como él. Después me conoció y vio que yo actuaba y hablaba como él, además de que me parecía a él. ¡Estaba asombrado! Y yo también. Fue algo muy extraño conocerlo, y preferí manejarlo pensarlo que era como un hermano menor. Existe un definitivo parecido familiar y mide lo mismo que mi hermano menor medía a su edad.

¡Pero había veces en que ni siquiera podía respirar por lo asombroso de todo esto!

La reunión descubrió muchos asuntos dolorosos que Hilary no había resuelto, y resultó muy útil participar en un grupo de apoyo para mujeres embarazadas. —Mucho alivio he obtenido de todo esto, y no sólo yo, sino para Matt y yo como pareja —sostiene Hilary.

¿Cuán buena quiero que sea mi relación?

¿Cuánto perdón y gracia estoy dispuesta a dar y recibir?

¿Qué significado y propósito busco en la vida?

¿Qué nivel de apertura e intimidad es prioritario en mi vida?

La respuestas a esta clase de preguntas fomentan el crecimiento. Hay quienes sólo quieren barrer la basura debajo de la alfombra y le tiradero en el clóset, pero otras personas buscan hacer una limpieza total de la casa.

La curación, la abundancia, la plenitud, la paz, la verdad y la libertad... son los objetivos que Dios tiene para nosotros nuestro matrimonio.

Al momento de escribir esta historia, Matt ha permanecido sobrio durante ocho años, y él sería el primero en reconocer los cambios positivos en su propia vida.

—No sólo he renovado mi salud emocional, sino también la física. Establecí contacto con un doctor que conoce mis antecedentes médicos y que no juega conmigo.

Un paso gigantesco fue querer hacer cosas con Hilary otra vez, —no porque se supone que un esposo debe llevar a su esposa a algún lado de vez en cuando, sino ¡porque disfruto de la compañía de Hilary más que de ninguna otra persona! —sonríe Matt. —Nos encantan los días de campo, ir a pescar, al cine, los paseos en el auto, las caminatas, hacer canotaje... porque hemos descubierto que el juego es una parte importante de la recuperación y la reconciliación.

Con este nuevo interés en la vida y en el amor, Matt quería compartir ese amor con Hilary. —Comencé a pensar en las formas de volver a conquistarla, como vestirme, ir a lugares nuevos, dar caminatas a sitios tranquilos, enviarle tarjetas, e incluso dejarle notas avisándole que iba a la tienda y a qué hora regresaría. Estoy tratando de cumplir mis compromisos hasta en las más mínimas cosas, y eso significa mucho, no sólo para mi esposa y los seres que amo, sino para mí mismo también. Así es como hemos sido capaces de reconstruir la confianza y recuperar nuestro matrimonio—. Todo lo cual les ha ayudado a recuperar una relación sexual satisfactoria también.

A medida que el respeto por sí mismo ha aumentado, así la comprensión y el respeto que ahora él siente por los demás. —Esto me ayudó a desarrollar una nueva fe en mí mismo y en mi relación con Hilary.

Hilary está de acuerdo. —Se trata de lo siguiente —dice en forma intensa—: Hemos recobrado tanta esperanza y vida en nuestro matrimonio, que estoy comenzando a correr el riesgo de ser yo misma, aunque debo confesar que ¡da miedo! Quizás no le agrade a otras personas cuando sepan lo que realmente siento, lo que quiero y lo que soy. Tal vez no le guste a Matt que no esté de acuerdo con él todo el tiempo, y es posible que yo misma no me guste… aunque creo que sí. En este punto, me siento lista y dispuesta a crecer y extenderme.

Tanto Hilary como Matt creen que su relación puede soportar un poco de franqueza y autenticidad. —Nos hemos hablado mutuamente con más profundidad y sinceridad —dicen los dos—. En los últimos años, hemos visto muchos cambios positivos en nuestra vida, y nuestro compromiso ahora es más fuerte y se encuentra sobre una base más sólida y genuina. Ahora incluso estamos haciendo más cosas aparte y haciendo nuestro camino como pareja a través de un territorio desconocido.

Gracias al crecimiento en su matrimonio y en su autoconfianza individual, tanto Hilary como Matt han dejado la librería de la familia y están siguiendo nuevas carreras mediante ciertas oportunidades de capacitación y empleo.

Los dos están de acuerdo en que la terapia matrimonial fue buena para ellos, y han vuelto a ella un par de veces desde entonces, siempre que han sentido que necesitan claridad.

Pero aun cuando su matrimonio sigue teniendo altibajos, en la actualidad Matt sonríe y afirma, —¡Nos doy un 10!

3

¿Cerveza o celebración de aniversario?

Vic Miller entró por la puerta de atrás, colgó su sombrero y se dirigió al refrigerador. ¡Vaya! ¡Sí que hacía calor en ese septiembre! ¡Esa cerveza helada le iba a caer muy bien!

—Hola, papá.

Vic brincó. No había notado la presencia de Lucy, su hija adolescente, que se encontraba en la decoración de un pastel en la mesa de la cocina.

Lucy lamió el merengue que le había escurrido por los dedos y observó el rostro pasmado de su padre, —Es el cumpleaños de mamá, ¿recuerdas?

—Oh... ¡bien! Hermoso pastel —asintió. Abrió la puerta del refrigerador y sacó la cerveza. ¿Sólo una lata? Buscó en los estantes del aparato: leche... restos de carne mechada... media hogaza de pan... encurtidos... aderezo para ensalada... jugo de limón... tres recipientes de plástico viejos... ¡y ni una cerveza más!

¡Iba a necesitar más de una lata! Tal vez si metiera algunas en el congelador, enfriarían pronto. Abrió la lata que tenía en la mano, dio un trago largo y se dirigió al sótano en donde, por lo general, guardaba una o dos cajas de cerveza.

Pero la caja estaba vacía.

Esta vez, Vic maldijo en voz alta.

De vuelta en la cocina, tomó su sombrero, sacó la chequera y se dirigió nuevamente a la cochera.

—¡Papá! ¿A dónde vas? —le gritó Lucy desde la puerta de la cocina.

—Regreso en unos minutos, voy a comprar algo a la tienda.

—Bueno, no olvides que es cumpleaños de mamá. Llega a las seis. Estoy preparando una suculenta cena…

—No te preocupes. Ya vuelvo—, le dijo sobre el hombro mientras se metía en el auto. Se terminó la lata de cerveza dentro del coche, y la guardó debajo del asiento antes de encender el vehículo, pues no quería que lo detuvieran por llevar una lata de alcohol abierta dentro del carro.

De camino a la licorería, Vic se dio cuenta de pronto que no tenía nada para el cumpleaños de Laura. Bueno, podía comprarle algo en el centro comercial. Tal vez un perfume… o algo. Con una sensación divertida, se dio cuenta de que no tenía idea de qué podía querer Laura para su cumpleaños.

Frunció las cejas y trató de pensar mientras acomodaba el auto en el estacionamiento del centro comercial. Habían estado peleando mucho últimamente.

Quizá la gran diferencia de edad que había entre ellos estaba empezando a ser evidente, aunque pareció no ser importante cuando se casaron: ella de 24 y él de 36. Los dos eran jóvenes, ya habían tenido un divorcio y estaban decididos a lograr que esta segunda vez funcionara.

Pero… 10 años después, ella seguía en la primavera de su juventud y el estaba llegando, demasiado rápido, ¡a los 50! Echó un rápido vistazo al espejo retrovisor: cabello castaño oscuro, anteojos conservadores, atractivo bigote adornado con algunas canas… y suspiró. Ni importaba lo que hiciera o dijera, Laura siempre parecía encontrar algún defecto en él.

Una camioneta pick-up salía de un lugar de estacionamiento muy cerca de la licorería, y Vic metió el auto en él. Antes de bajarse, revisó la chequera para ver cuánto podía gastar, ya que sólo llevaba uno o dos dólares en efectivo con él. Espera un minuto… había varios gastos que no se habían deducido: la zapatería, el centro de jardinería (¿acaso fue ahí donde ella compró aquellos molinos de viento en forma de margarita que adornaban el jardín? La cosa más absurda que había visto)… el centro de descuento…

Vic hizo la resta mental de cada una de las cantidades y obtuvo el nuevo balance. Veinte dólares. ¿Eso era lo que había HASTA el día de pago? ¡No podía comprar a Laura un regalo de cumpleaños y una caja de cerveza por 20 dólares!

Vic salió del auto y azotó la puerta. Bueno, como ella había gastado tanto dinero en cosas que no necesitaban, tal vez debiera enseñarle una lección. Ella sabía que tenían poco dinero y, por supuesto, él no iba a renunciar a su caja de cerveza sólo por comprarle un perfume o alguna otra tontería, en particular después de haber gastado tanto en unas ridículas margaritas y quién sabe qué otros objetos inútiles.

Si ella podía gastar el dinero a su gusto, pensó al tiempo que abría la puerta de la licorería, *entonces yo merezco gastar un poco de dinero como me plazca, y lo que me place ahora es una caja de cervezas. Tan pronto como las ponga a enfriar, más me gustarán. ¡Vaya que hace calor en septiembre!*

• • •

De alguna manera, la tarjeta con un "Te ama, Vic" garrapateado al pie y que le había entregado a Laura no había servido de nada. Ella estaba molesta, y él lo sabía.

—Mira —le dijo él con toda paciencia luego de que Lucy había recogido los platos de pastel y se había ido a su recámara a hacer la tarea—, de verdad quería comprarte un regalo de cumpleaños, pero gastaste mucho dinero esta semana, ¡no había suficiente en la chequera! Y los dos estuvimos de acuerdo en no usar las tarjetas de crédito más que para gasolina y para emergencias.

—Pero sí hubo suficiente para una caja de cervezas —replicó ella agriamente.

—Pero, Laura, ¿es que no ves? Si no hubieras gastado tanto dinero en… en esas ridículas margaritas, o lo que sea, habría habido suficiente dinero para las dos cosas…

—¡Ay, olvídalo! —gritó Laura—. Lo único que te interesa es tener suficiente cerveza. Me dejas el jardín a mí, la despensa a mí, nunca eres capaz de arreglar nada en esta casa, así que tengo que salir a comprar las cosas nuevas. Pero, ¿acaso es eso importante? ¿Soy yo importante? Oh, no, no mientras Vic Miller tenga una cerveza fría en la mano. Bueno, a mí tampoco me importa. Puedes quedarte ahí sentado y mantener tu compañía de cervezas. ¡Me voy a la cocina a lavar los trastes!

Vic observó a su esposa dirigirse a la cocina y suspiró. Ahora ella iba a ser la víctima… ¡tener que lavar los trastes en su cumpleaños!, pero de ninguna manera iba a entrar ahí y a seguirle el juego a su sarcasmo. ¿Por qué no se daba ella cuenta? El no tener dinero para comprarle un regalo de cumpleaños debía ser una buena lección: ella debía reducir sus gastos. ¿Por qué seguía ignorando lo que era obvio y lo seguía molestando por unas cuantas latas de cerveza?

Volvió a suspirar, tomó de la mesa la lata de cerveza, que aún no estaba lo suficientemente fría, se fue rumbo a la sala y encendió el televisor.

• • •

En la cocina, Laura Miller dejó que las lágrimas de dolor y decepción salieran. Sólo tenía 34 años, pero sentía como si hubiera estado casada toda su vida… y se sentía muy cansada. Tenía apenas 17 años cuando se casó por primera vez (*¡unos cuantos años más que Lucy!*, pensó conmocionada), un matrimonio que duró siete años, y lo único bueno que había resultado de él había sido esa hermosa hija.

Ahora era su segundo matrimonio, y se sentía igual de miserable. Al parecer no podía ser una buena esposa. Laura se retiró algunos cabellos de sus ojos con la mano jabonosa y luego colocó los platos sucios en la lavavajillas. De niña siempre había jurado no casarse con un hombre que bebiera alcohol... entonces, ¿por qué lo había hecho?

Después de su divorcio había entrado a trabajar a una fábrica que elaboraba partes para casas móviles, y Vic era el supervisor. Casi sonrió a través de las lágrimas, recordando aquellos días. A los 23 años, ella había sido la primera mujer que había llegado a trabajar a ese departamento, y él se había esgrimido en su defensor. Vic era mayor y la protegía, y ella se sentía segura; sabía que él bebía, pero le prometió dejarlo si se casaba con él. Y lo hizo... un tiempo; pero ahora estaba muy lejos de parecerse siquiera a aquel hombre considerable y amable con el que se había casado.

Laura acomodó los platos en hilera en el escurridor y los roció con agua caliente. Por otro lado, ella admitió que tampoco seguía siendo la mujer con la que él se había casado. Sabía que a él no le agradaba la manera como se quejaba y lo criticaba, pero a ella ya tampoco le gustaba mucho Vic y... tampoco se gustaba mucho a sí misma.

Al igual que con la mayoría de las parejas cuyo matrimonio tiene conflictos, los problemas para Vic y Laura comenzaron muchos años antes. Una relación no cambia automáticamente del dar al tomar... de la vulnerabilidad a la autoprotección... de la tolerancia a la exigencia... del amor al odio.

Los matrimonios no tienen a fuerza a los chicos buenos y malos viviendo juntos, en contra de su voluntad. El matrimonio está conformado por dos personas que voluntariamente eligen compartir su vida, unión que está llena de sueños y esperanzas. Entonces, ¿por qué se vuelve tan malo?

Al recordar sus años formativos, Laura dice, —En realidad nunca tuve infancia. Mi padre fue alcohólico y se divorció de mi madre cuando tenía ocho años. Mi papá se mudó a casi 3 mil kilómetros de distancia, a California, y dejó a mi mamá en California con ocho hijos. Nunca le pasó ninguna pensión, y ella tuvo que trabajar para mantenernos—. La familia había sido muy pobre; algunas veces parecía que todo lo que tenían era uno al otro.

Con todas las responsabilidades que recaían en los hijos, Laura tuvo que pasar inmediatamente a la edad adulta.

A los 11 años, comenzó a cumplir funciones de niñera para ganar dinero y, en una ocasión, el hombre para el que trabajaba atendiendo a su bebé, llegó borracho y la violó. —Le tuve mucho miedo después de eso y deseé que se muriera —recuerda—. Pensé que a lo mejor había sido mi culpa de alguna forma, y no le dije nada a mi madre por temor a que ella me culpara.

Cuando Laura leyó el obituario de aquel hombre, algunos años después, sintió como si le hubieran quitado un enorme peso de encima... y luego se sintió culpable por alegrarse de que hubiera muerto; fue entonces cuando Laura prometió que nunca se casaría con un hombre que bebiera.

—Pero lo hice –declara ella ahora—. Yo sabía que Vic tenía problemas con el alcohol, pero él me prometió que no bebería más si me casaba con él. En ese tiempo yo creía que no podría vivir sin él y me engañé pensando que tal vez casándome con él ayudaría a solucionar su problema.

En cuanto a Vic, se sentía muy atraído por la hermosa trigueña de la gran sonrisa que formaba parte de su departamento. Había 12 años de diferencia entre ellos, pero les gustaban las mismas cosas, además de estar juntos y compartir con sus amigos.

—Desde el principio Laura me dijo que no quería tener nada que ver con un alcohólico —reconoce él—. Así que dejé de beber y comenzamos a salir con regularidad.

Se casaron en el transcurso de un año, el segundo matrimonio para los dos, —Pero yo simplemente sabía que esta vez iba a ser mejor —asevera Vic.

—Mi primer matrimonio terminó porque mi esposa y yo nunca pudimos estar de acuerdo en nada. Oh, sí, yo bebía, pero me seguía diciendo a mí mismo que eso nada había tenido que ver con mi divorcio. Mi padre era alcohólico y mi madre nos había criado casi sola. Me prometí que nunca sería un alcohólico porque podría dejarlo cuando quisiera. —Pero —admite ahora—, después de algunas cervezas, nunca quería dejarlo.

Excepto para casarme con Laura. Y ella continúa, —Fuimos realmente felices por un tiempo. Él consiguió un empleo diferente, y yo permanecí en la fábrica, incluso recibimos en adopción a tres niños durante un par de años. Después, uno por uno, los hijos de él quisieron dejar a mamá y venir a vivir con nosotros; ¡el mayor de ellos era apenas seis años menor que yo! Comencé a culpar a Vic por todos los problemas que su ex esposa y sus hijos nos estaban causando y pensé que necesitaba ayudarlo a asumir el control de su vida.

Incluso con la complicación de los hijastros y los ex esposos, el matrimonio pareció ir bastante bien durante dos años y medio aproximadamente; después, una tarde, los Miller asistieron a la recepción de una boda. Vic pensó, *Una copa sola no puede lastimar a nadie*, pero, ahora lo admite, después de esa sola copa volví a quedar enganchado.

Al principio sólo fueron un par de cervezas por la tarde, pero la cantidad fue en aumento, y eso provocó que la comunicación se transformara en quejas y pleitos.

—Vic, ¿compraste el masking tape que te pedí?

—Sí, lo dejé por ahí.

—Pero se supone que debería estar en el cajón de la cocina. ¿De qué me sirve si no está donde pueda encontrarlo?

—Sí lo traje, ya te dije. No me toca andarlo rastreando. Quizás alguno de los niños lo tomó.

—Bueno, ¿qué te parece si le dices a tus hijos que primero pidan las cosas? Todo agarran y no son capaces de devolver nada a su lugar.

—¡Ah, entonces es mi culpa!

—Bueno, tú eres su padre, a mí no me hacen caso. Pero tú vete a tomar tus cervezas y no hagas caso de los problemas.

—¡Y tú haces tormentas en vasos de agua! De todo tienes que estarme regañando, ¡estoy harto!

—Y yo también estoy harta de que tú te la pases bebiendo todo el tiempo. Prometiste dejarlo, y ahora…

—¡Deja de decirme lo que debo hacer! No puedo ni respirar siquiera sin tu permiso. ¡Haz esto! ¡No hagas eso! Yo puedo beber una cerveza si quiero.

—¿Una cerveza?

En este momento Vic ya estaba enojado y Laura a punto de llorar. —Sentía que nuestra vida estaba fuera de control —declara—, pero cuanto más le decía lo que tenía que hacer, más bebía, y cuando bebía me fastidiaba, y eso me lastimaba mucho.

Después, Vic trataba de arreglar las cosas y le daba un beso pero, a decir de Laura, —Yo no quería ni siquiera que me tocara cuando estaba ebrio. Sin embargo, por la mañana, se portaba muy amable, así que aprendí que si podía hacer que se durmiera, las cosas se verían mejor en la mañana.

—Discutíamos mucho por el dinero—, interviene Vic. A mí me parecía que ella siempre estaba comprando cosas, las necesitáramos o no, y yo no iba a permitir que se gastara todo el dinero, así que, yo también compraba cosas que no necesitaba. Entonces discutíamos sobre quién tenía la culpa cuando no alcanzaba el dinero para pagar las cuentas.

Laura sabía que el ser quisquillosa y regañarlo constantemente estaba empeorando las cosas, pero no sabía responder de otra forma. —Llegamos al punto en el que no lográbamos estar de acuerdo en nada, por muy trivial que fuera —asegura ella—. Pero me daba miedo que me abandonara, así que finalmente decía, "Está bien, tú tienes razón, yo estoy equivocada".

Pero, poco a poco, el temor de Laura se transformó en odio. —Dejé de amar a mi esposo —afirma—, y comencé a desear no haberme casado nunca con él; de hecho, me sentía tan cansada que sólo quería irme a dormir y no despertar.

Todas las heridas emocionales no sanadas nos hacen desear vengarnos. Pasamos de sentirnos lastimados a culparnos por lastimar a la otra persona, una y otra vez. Estas guerras maritales no se acaban, sólo se recargan y sólo viene alguna interrupción cuando la fatiga nos invade, pero no pasa mucho tiempo antes de que el siguiente conflicto haga su aparición.

Las parejas que se encuentran en esta etapa tienden a creer que están tratando de tener una vida buena y que están haciendo su mejor esfuerzo, y dando buenas sugerencias a su cónyuge. "¡Si mi esposo(a) cambiara!"

A partir de ahí, el matrimonio de los Miller comenzó a deteriorarse, lenta y dolorosamente. Durante 12 años y medio ello los dos se dedicaron a atacarse mutuamente: ella por el alcoholismo de él, y él por querer dominar la vida de toda la familia, en particular la de él.

—No estoy seguro de por qué bebía tanto—, afirma Vic de manera reflexiva, —excepto que me parecía una buena forma de escapar de las responsabilidades de la vida. Un par de cervezas ponían "en pausa" a la vida y yo podía disfrutar la sensación de que tenía el mundo en mis manos mientras que, la gente responsable pasaba junto a mí haciendo algo con su vida.

El problema de Vic con la bebida aumentó, admite él—, Incluso a veces mi desayuno era la bebida y, cuando estaba ebrio, estaba tan ocupado en sentirme bien con los efectos aturdidores del alcohol que me resultaba fácil ignorar la mayoría de mis responsabilidades. Si Laura me pedía que lavara las ventanas, colgara un cuadro o arreglara un grifo, aun cuando me tomara sólo unos cuantos minutos, yo, simplemente, no lo hacía. Ella tenía que hacer esas cosas o nadie las hacía.

Para Laura era como si Vic la ignorara. —No importaba lo que dijera, yo no veía que se molestara en hacerlo, era como si hubiera construido una coraza impenetrable alrededor de él, y yo no era otra cosa más que un objeto de su propiedad. Una vez me dijo que me iba a colocar dentro de una cerca y me mantendría sólo para él, pero yo sentía que ya estaba dentro de esa cerca.

A medida que el alcoholismo de Vic y los regaños de Laura aumentaban, la intimidad sexual fue disminuyendo. —Ya no te intereso—, lo acusaba ella llorando cuando él llevaba una lata de cerveza a la cama—. Esa lata de cerveza es la única amante que necesitas.

Vic se sentaba en la orilla de la cama para terminarse la cerveza y no le decía nada.

—¡Por favor, Vic! —Odiaba suplicarle... pero era una mujer sana que también tenía necesidades.

Pero él se limitaba a apagar la luz y se acostaba en silencio dándole la espalda.

—Hay otra mujer, ¿verdad?—Le costaba mucho trabajo pronunciar esas palabras, pero quizás era por eso que él ya no le prestaba atención.

—Oh, cállate, Laura —le decía Vic, con la voz ahogada en la almohada—. Deja de estar buscando problemas donde no los hay, simplemente no tengo ganas esta noche.

Laura se esforzaba por reprimir las lágrimas de ira y frustración. Cuando se sentía segura de hablar con voz tranquila, decía en la oscuridad, —Bueno, si tú no me deseas, tal vez encuentre a alguien que sí.

No era una amenaza en serio... pero la soledad de Laura, aunada a su sensación de ser rechazada por él fueron creciendo y haciéndola más vulnerable. Cuando su padre fue sometido a una cirugía y necesitó que alguien lo cuidara por un par de semanas en California, Laura vio tal situación como una oportunidad para alejarse y tratar de ver las cosas en perspectiva, pero mientras estaba cuidando a su progenitor, conoció a un hombre en el mismo edificio de departamentos que se acababa de separar de su esposa.

—Iniciamos una amistad que en poco tiempo terminó en adulterio —explica ella—. Pero era muy bonito tener a alguien que me dijera cosas lindas otra vez. Durante un tiempo sentí que quizás yo no estaba tan mal después de todo.

El romance terminó casi tan pronto como empezó, aunque Laura se preguntó si tal vez había sido un aviso para luchar por su matrimonio. —Pero no se lo dije a Vic; en parte porque me daba miedo que dejara de amarme, y en parte porque temía que su disgusto fuera tal que llegara a matarme.

Al darse cuenta de que el matrimonio Miller estaba en problemas, el doctor de Laura le recomendó que buscara ayuda profesional. —Fui una vez y me dio tanto miedo de que la terapeuta supiera del otro hombre, que ya no volví a ir —admite Laura. —Supongo que no quería que ella supiera que Vic no era el único que estaba estropeando nuestro matrimonio. Yo, por supuesto, no quería aceptar ninguna culpa. Cuando me llamó para saber por qué había cancelado la cita, le mentí y le dije que ya habíamos arreglado las cosas.

No debemos subestimar el hecho de que la vida miserable puede causarnos adicción. Es como un par de zapatos desgastados: no hacen ningún bien, pero, por lo menos, los conocemos.

¡Le tenemos miedo a lo desconocido! Le tememos a la luz que pueda rebelar quiénes somos en realidad. No es que no estemos lastimados, es sólo que el camino a la verdad y a la salud y una nueva vida es desconocido y, por eso, aterrorizante.

Pero a estas alturas, Laura sabía que necesitaba ayuda pues, no sólo su matrimonio estaba en graves problemas, sino que parecía que su mundo entero se estaba desmoronando.

Ere octubre, pero difícilmente se percataba de los hermosos colores que el otoño dibujaba en el cielo. Decidió ir a la iglesia con su hermano y su cuñada. De acuerdo con ella, —Aquella mañana me di cuenta de qué era lo que faltaba en mi vida.

Por primera vez, Laura entendió lo que significaba la expresión "volver a nacer". Dios me tocó de tal forma que me sentí como una persona recién nacida. De alguna forma supe que Dios perdonaría todos mis pecados y que podía volver a empezar. Fue algo tan real para mí que no había posibilidad de que me lo cuestionara. Pero lo primero que le dije al pastor fue, —Mi esposo nunca se acercará a este altar.

Sin embargo, Laura se fue a casa y le habló a Vic acerca de su conversación. Lleno de curiosidad, él fue a la iglesia con ella algunas veces, pero luego ya no regresó. Durante algunos domingos ella le siguió preguntando si quería acompañarla. —¡Déjame en paz, Laura! —le respondía enojado—. ¡Ya encontraste otra cosa con la cual molestarme!

No obstante, Vic admitió ante algunos de sus amigos que había cierta paz en su casa que nunca antes habían tenido, pero... ¿ir a la iglesia? ¡No Vic Miller! ¿Qué dirían sus amigos de la planta de herramientas si él se volviera religioso?

El hábito de beber continuó durante aquel invierno y hasta la primavera. Ahora que todos los niños habían crecido (Lucy tenía 19 años y estaba en la universidad), él ni siquiera hizo el intento de permanecer sobrio. —Se llevaba una lata de cerveza a la cama todas las noches —recuerda Laura—, y yo ya no quería dormir con él, no podía soportar que me tocara. Si ponía su brazo sobre mí en el transcurso de la noche, sentía que pesaba una tonelada.

Un caluroso día de julio, Vic y Laura estaban discutiendo y lanzándose insultos mutuos. De repente, Laura le preguntó, "¿Quieres que me vaya?".

—¡Sí! ¡Toma tus cosas y lárgate!

Y eso hizo. Sin embargo, después de dejar enfriar las cosas unos cuatro días en casa de su mamá, Laura volvió a su casa... pero las discusiones continuaron.

Algunas semanas después, Vic (ya borracho para el medio día, como era su costumbre), anunció que iría a dar una vuelta en su motocicleta.

—No, Vic —le suplicó Laura—. Te vas a matar.

—¡¿Y a ti que te importa?!

—Mira, yo... dormiré contigo esta noche si no te vas—. Tan pronto como Laura pronunció estas palabras, se arrepintió. No había vuelto a acostarse en su cama desde que se había ido, hacía algunas semanas. Pero no podía permitir que se fuera en la moto; sería un suicidio.

Vic se detuvo un momento, pensando el ofrecimiento.

Se bajó de la motocicleta y entró de vuelta en la casa. Fiel a su palabra, Laura compartió la cama con él esa noche, pero después de que él se fue a trabajar por la mañana, lo abandonó.

Y esta vez no regresó.

Algunas veces, unos cuantos cambios ligeros (dos aspirinas, mucha agua y mucho descanso) es todo lo que necesitamos para recuperar nuestra salud y energía, pero una enfermedad más grave requiere un tratamiento más drástico. En este caso, sin la intervención de un profesional y una terapia intensa, la relación de los Millar estaba en la lista crítica y pronto llegaría al final.

Detener un patrón de largo plazo a menudo es la única posibilidad de lograr el éxito. La capacidad de Laura para tomar una decisión firme y radical (y apegarse a ella) era imperativa. Los matrimonios deteriorados requieren que uno o los dos cónyuges finalmente digan, "¡Basta! Esto tiene que cambiar!", lo cual es muy distinto a dar por terminada la unión matrimonial, pues esta clase de interrupción sólo reconoce la situación de desesperación, pero el decir "¡basta!", puede dar lugar a la esperanza.

Cuando Vic llegó a casa del trabajo y se dio cuenta de que Laura lo había abandonado, su primera reacción fue, "¡Ahora soy libre realmente! Puedo hacer lo que me plazca sin tener que darle cuentas a nadie". Por lo menos, al fin tenía el control de su propia situación.

Después de una o dos semanas, Laura llamó porque quería sus cuadros y las cosas que tenía colgadas en la pared. Por un tiempo, Vic postergó entregarle sus cosas, pero cuando finalmente le cayó el veinte, la idea de que ella nunca regresara le resulto absolutamente abrumadora.

—De pronto sentí como si estuviera atrapado en una inundación —recuerda—, mirando con impotencia hacia la playa (mi matrimonio) y alejándome cada vez más. La corriente se iba haciendo más fuerte y yo no tenía la suficiente fuerza para nadar en su contra y regresar a la playa... que cada vez me parecía mejor.

La recién conseguida "libertad" de Vic pronto se transformó en desesperación. —me di cuenta entonces de que de verdad había echado a perder todo y que tal parecía que ya no podía hacer nada. Repentinamente, aquel dicho de que "Nadie sabe lo que tiene hasta que lo ve perdido" adquirió un nuevo significado para mí.

Laura, mientras tanto, tuvo que mudarse con su madre, iba al trabajo todos los días y a la iglesia tres veces a la semana. —Yo me sentía en paz —asevera—. Vic ya no me molestaba, había hecho una solicitud para un departamento y me iba a hacer cargo de mí misma.

Pero aunque había ahorrado un poco de dinero para obtener el divorcio, nunca lo solicitó, había algo dentro de ella que le impedía hacerlo.

A medida que el verano entró en el mes de septiembre, Vic llamó a Laura a la casa de su madre. "¿Cuándo regresas a casa?", le preguntó.

—No voy a regresar—, le dijo con firmeza, y comenzó la discusión.

Dos días después, en el cumpleaños de Laura, Vic fue a visitarla al trabajo y dejó una tarjeta de cumpleaños para ella. Estaba por abrirla cuando él regresó y comenzó a discutir con ella para, de repente, irse.

—Estaba preocupada por él —afirma Laura—. Llamé al taller a la hora del descanso, pero me dijeron que no había regresado a trabajar ese día y nadie lo pudo encontrar. —Entonces mi preocupación aumentó, por lo que le llamé a una vecina y le pedí que me llamara cuando lo viera llegar a casa, y así lo hizo.

Después del trabajo, Laura fue a su antigua casa, entró y dijo —Vic, sólo quería saber si estabas bien—, y se fue.

Al día siguiente, Vic llamó e invitó a Laura a cenar, lo que ella aceptó.

Cuando se subió al auto, Vic se volvió hacia ella y le dijo, —He estado hablando con Dios.

Laura miró a su esposo un momento, —¿Qué le has estado diciendo?

Vic tragó saliva y miró hacia otro lado. —Le pedí perdón.

Laura se sentía tan feliz que le dieron ganas de reír a carcajadas pero, en vez de eso, le dio un gran abrazo.

—¿A dónde quieres que vayamos a cenar? —le preguntó finalmente.

—Vamos… a mi iglesia —le respondió ella.

La iglesia estaba abierta, pero no había nadie dentro de ella, por lo que, juntos, avanzaron hacia el frente, al lugar en donde Laura había dicho a su pastor "Mi esposo nunca se acercará a este altar", se arrodillaron y rezaron. Lloraron juntos.

Conforme las sombras se acentuaron en la iglesia, Vic observó a Laura, avergonzado. —Tiré toda la cerveza por el caño.

Ella abrió los ojos con asombro. —¿Eso hiciste?

Siguieron hablando en voz baja cuando, de pronto, se dieron cuenta de algo: por primera vez en muchos años, estaban hablando sin discutir.

Una de las más grandes alegrías en la vida surge cuando pasamos de estar perdidos a encontrarnos. Vic había llegado a estar muy solo y desconectado y, sin embargo, las bendiciones de Dios siempre habían estado a su alcance.

Los grandes avances emocionales y espirituales como los de Vic y Laura son como una cirugía mayor: nos dan la oportunidad de aliviarnos y de volver a empezar, pero el "paciente" (el matrimonio) sigue necesitando rehabilitación, y ése es el momento para iniciar un trabajo lento, constante y arduo en la reconstrucción de la relación.

Pero Laura aún no estaba lista para volver a casa. —Aun cuando creí que algo importante la había sucedido a Vic. Me daba miedo de que volviera a empezar a beber y yo perdiera la paz que había encontrado —sostiene.

—Y... ya no lo amaba, y tampoco había encontrado en la Biblia un lugar donde Dios me dijera que debía amarlo. Lo único que sabía en forma segura en ese momento era que Dios estaba a cargo de mi vida.

La madre de Laura no estaba convencida de que Vic realmente hubiera cambiado. —No vuelvas con él —le suplicó—, ¿y si terminas en la misma situación?

—Mamá —le dijo Laura—, estoy segura de que Vic es, definitivamente, una persona nueva—. Pero también albergaba dudas. ¿Podría Vic soportar la falta de bebida?

Volvamos al momento en que Laura se fue y veamos lo que había sucedido desde la perspectiva de Vic:

—Cuando me di cuenta de que Laura no iba a regresar —recuerda él—, finalmente me di cuenta que había llegado… al fondo. Aún más, supe con toda claridad que era totalmente incapaz de ayudarme a mí mismo.

—Comencé a recordar lo que había aprendido en la juventud y recordé que con Dios nada es imposible. Así que, simplemente, le pedí a Dios que se hiciera cargo de mi vida completamente, e hice un compromiso firme y sincero con él, y fue como so me hubiera levantado y me hubiera puesto sobre mis pies nuevamente. Terminó con el poder que el alcohol tenía sobre mí —¡alabado sea Dios! —y, hasta hoy ¡ese deseo no ha regresado!

Cuando Vic comparte esta historia, comenta, —Sé que no funciona de esta forma para todo el mundo que tiene problemas con el alcohol, y que muchas personas necesitan a AA u otros programas de tratamiento. Dios trabaja de maneras muy distintas, y le pido por que otros enfermos de alcoholismo permanezcan firmes y comprometidos con lo que les funcione a ellos hasta que ganen la batalla, porque yo sé que puede suceder.

Después de desechar toda la cerveza que tenía en su casa, casi inmediatamente Vic comenzó a sentirse mejor consigo mismo y a ver el mundo bajo una luz diferente.

Pero éste no fue el fin de sus dificultades. —Fue muy difícil cuando Laura me dijo que no estaba lista para confiar en mi compromiso y que no iba a regresar —admite—. Pero por alguna razón no perdí la esperanza. Sentí como si alguien me hubiera lanzado una balsa en aquellas aguas de desesperación. Por supuesto que no resolvió por completo mis problemas... pero me ayudó a mantenerme a flote.

A los 50 años de edad, no fue fácil para Vic romper toda una vida de malos hábitos y patrones. —Yo sabía que necesitaría de toda mi fortaleza y resistencia para remar con aquella balsa hasta la orilla pero, por lo menos, tenía una balsa. Decidí que haría lo que tuviera que hacer para llegar a la orilla.

—Y lo más importante, en mi mente decidí también que me mantendría firme y comprometido con mi nueva vida sin alcohol, aunque Laura no regresara conmigo.

Iba a asumir mis responsabilidades como esposo y como padre, obrero y ciudadano, e iba a hacer mi mejor esfuerzo para cumplirlas cabalmente.

Incluso con esta nueva determinación, cuando Vic fue a ver a Laura, —Parecía como si el cielo se hubiera nublado y hubiera empezado a llover en mi juego de pelota —afirma él—. No acabó con el juego, pero hizo que se pospusiera. Sentí que nunca íbamos a poder arreglar las cosas.

Vic fue a la iglesia de Laura y a otros lugares donde ella iba a estar, sólo para estar con ella. —Mientras estuvimos separados, fui a patinar muchas veces —comenta Laura—, pues era algo que me gustaba hacer y que Vic nunca había aprendido. Bueno, de repente, este hombre de 50 años de edad, apareció en la pista y se puso los patines... sólo para estar en dónde yo estaba. Era como si Dios me estuviera diciendo, "Laura, Vic lo está intentando de veras, y es tu esposo".

Laura se asustó, pues todavía no quería perder la paz que había encontrado. Ahora estaba en el primer lugar de la lista para que le entregaran su departamento, —y me daba miedo tomar una decisión equivocada, cualquiera que fuera —recuerda.

Ahora lo sabe, —Supongo que estaba huyendo de algo más que Vic. Estaba huyendo del matrimonio y de todo el trabajo que significaba volver a hacerlo funcionar.

El matrimonio es un paquete completo, en el que, obtener lo que obtener lo que uno quiere significa dar todo lo que uno tiene. Primero debemos tener un deseo genuino de ser una persona generosa y dadivosa, pues si sólo actuamos con base en lo que podemos obtener, entonces nos encontramos dentro del juego del poder. Las conductas manipulatorias y controladoras se arraigan, y eso provoca el resentimiento de la otra persona y que siempre se ponga a la defensiva.

Volver a construir un matrimonio requiere un deseo genuino de trabajar en la relación, y el problema es que la falta de relación evita el conflicto, sí, pero da lugar a la soledad. El relacionarse hace posible la intimidad, pero también requiere una comunicación, un compromiso y un esfuerzo serios.

Laura comenzó a leer más su Biblia, casi con desesperación, en un intento por averiguar lo que Dios quería de ella. —Sentía que la única forma en que podía ir a casa era si Dios ¡me tomaba y me ponía ahí!

Vic asistía a la iglesia y a un estudio de la Biblia (tanto en la iglesia de Laura como en la de su propia madre), y llamaba a Laura todos los días. La interacción entre ellos se hizo bastante familiar.

—Por favor, regresa a casa, Laura. Realmente quiero que estés en casa, te necesito.

—No puedo Vic, no estoy lista.

—Bueno, te compré un regalo. ¿Lo quieres leer?

—Desde luego—. Otro libro cristiano que él cree que me enseñará que Dios quiere que vuelva a casa, suspiraba ella.

—He estado hablando con el ministro de la iglesia de mi mamá —continuó él—. ¿Quieres venir conmigo para que hablemos con él juntos?

—¡Vic! Yo no conozco a ese hombre, y no es asunto suyo.

—Bueno, piénsalo. De veras quiero que vengas conmigo.

Al mirar en retrospectiva a aquellos días, comenta Laura, —Sentía como si a cada paso que daba tuviera a un perro jalándome el pantalón para llamar mi atención, ¡y no se daba por vencido!

Finalmente, Laura cedió y aceptó ir a la iglesia de la mamá de Vic con él. Pero después le dijo, —Es muy grande, no me gusta.

—Bueno, ¿puedes sólo acompañarme a hablar con el ministro?

—¡Está bien! ¡Está bien… sólo una vez!

Pero cuando se reunieron con el ministro, Laura no colaboró mucho. Cuando él le preguntó qué quería en la relación, ella respondió con obstinación: "Quiero tener mi propio departamento".

—Pero si hace eso, ¡me da miedo que nunca vuelva a casa!—, protestó Vic.

Para la sorpresa de Laura, el ministro ayudó a Vic a ver que debía detenerse y concederle un poco de espacio a Laura.

Eso era lo que ella quería escuchar: ¡Finalmente Vic la iba a dejar en paz! Estuvieron de acuerdo en verse sólo los fines de semana y que el resto de los días él no la molestaría.

Cuando salieron del despacho del ministro, Vic dijo con esperanza, —¿Vienes conmigo esta noche al estudio de la Biblia?

Exasperada, Laura respondió, "No", se fue al departamento de su madre, tomó la cena y… fue al estudio de la Biblia de Vic. La cara de Vic se iluminó cuando la vio llegar.

—Un par de semanas después estaba leyendo mi Biblia otra vez —comenta Laura—, y supe que Vic había violado los fundamentos bíblicos de nuestro matrimonio... y yo también. Pero Dios me estaba diciendo de muchas formas que Vic era una persona nueva, que todos sus pecados estaban perdonados y que yo también debía tratar de perdonarlo. Luché con esto hasta las tres de la madrugada. Finalmente me levanté, me vestí y fui a casa con mi esposo.

Al quedarse parada en la puerta de la recámara de ambos, comenzó a llorar y llamó a su esposo. Asustado, Vic despertó y se acercó a ella.

—Tengo que volver a casa —le dijo ella. Habían estado separados cuatro meses.

Vic trató de abrazarla, pero Laura se apartó. —Tenía mucho miedo —explica—, porque sentía que estaba en medio de un juego de "estira y afloja". Tenía que volver a casa, pero todo el tiempo le decía a Dios, ¡No lo amo!

Pero conforme transcurrieron los días, Laura no podía creer lo paciente que Vic estaba siendo con ella. Se salía de sus hábitos y sus cosas una y otra vez sólo para complacerla, admite ella. Incursionaron en varias iglesias con la esperanza de encontrar una que les gustara a los dos; al final, Vic dijo que de verdad le gustaría quedarse en la iglesia de su madre.

—Oh, estupendo —murmuró Laura, —justo lo que quiero: ir a donde el predicador sabe todo de nosotros.

Con renuencia, aceptó ir y, de acuerdo con ella, —Ingresamos a una escuela dominical para tomar una clase cuyo tema era... el matrimonio. Justo lo que yo quería. Y no sólo eso, ¡adivinen quién iba a impartir esa clase! ¡Correcto! El pastor. Cuanto más trataba de evitarlo, más parecía que me lo encontraba en todas partes... y él sabía todo de mí. Sabía que Dios estaba tratando de decirme algo, pero todavía no estaba de humor para escucharlo.

La manera en que los Millar enfrentaron estos nuevos ajustes en su matrimonio, fue involucrarse con toda clase de actividades de la iglesia. —Hacer todas esas cosas juntos comenzó a acercarlos de nuevo —admite Laura—. Lo mismo, me tardé dos años en comenzar a amar nueva y verdaderamente a Vic.

Finalmente, Laura decidió que quería que este matrimonio funcionara, no sólo porque ella sentía que Dios se lo estaba diciendo, sino porque de verdad amaba a su esposo.

—Finalmente volví a tener a ese esposo considerado y cariñoso con el que me había casado.

Las relaciones son uno de los más grandes misterios de la vida. ¿Por qué amamos? ¿Cómo amamos? Sólo Dios lo sabe completamente. ¿Por qué lastimamos a quienes amamos? ¿Cómo es que podemos ser tan destructivos? Sólo Dios puede entenderlo y perdonarnos.

Pero la renovación y el renacimiento existen y, a menudo, son uno de los mayores milagros de la vida.

Los matrimonios no pueden volver al carril aun cuando requieran un trabajo o una cirugía mayor. El matrimonio de Vic y Laura es un ejemplo personal y específico, pero los tema son universales: detener el ciclo de destrucción; la responsabilidad personal; elegir el amor es una decisión.

Al reflexionar en el proceso de volver a construir un matrimonio después de 14 años de agonía alcohólica, Vic dice, —No extraño a los amigos que perdí cuando mi vida cambió. Las personas que desde entonces han entrado en mi vida han dado un nuevo significado a la palabra amigos. Ellas se interesan sinceramente en mí y responden cuando las necesitamos; su apoyo y su amistad han hecho mi vida más fácil de vivir.

Laura está de acuerdo. —Seguimos teniendo problemas, pero hemos aprendido que esos problemas no tienen que ser para siempre, y que no estamos solos.

Estamos rodeados de amigos que hacen la diferencia.

—Y —agrega—, cuando las cosas parecen ser más de lo que podemos manejar (o incluso si sólo necesitamos compartir nuestras luchas con alguien), nuestro pastor siempre está ahí, no necesariamente para darnos un consejo, sino para escucharnos y comprendernos. Hemos aprendido que la asesoría es importante para nuestro matrimonio, y que pedirla no es una señal de debilidad, sino de fortaleza.

Vic además afirma que el apoyo y el consejo del pastor fue la verdadera clave de su reconciliación. —Me ayudó a ver que primero debía fortalecer mi propia vida, que tenía que pensar las cosas con mucho cuidado y luego llevarlas a cabo de una manera madura y responsable —sonríe Vic—. Esta clase de cosas no se dan fácilmente cuando una ha estado evitándolas toda la vida.

Lo más importante, dice Vic, es que sus asesores lo han ayudado a estar más consciente de las necesidades y deseos de su esposa. —He aprendido a decir "Te amo" con más frecuencia y con mayor sinceridad. Siempre me gustó oír esas palabras, pero pocas veces las dije.

—Aprendí a ya no dar por segura a Laura. La abrazo cada vez que tengo oportunidad y me encanta estar cerca de ella aunque ni siquiera hablemos.

Él sacude la cabeza. —Tal parece que nos hicimos viejos demasiado pronto e inteligentes demasiado tarde. Estoy agradecido de tener una segunda oportunidad y ¡pretendo aprovecharlo!

Los Miller han logrado encontrar cosas que a los dos les gustan. —Nos hemos hecho tan buenos en esto que ahora programamos las cosas rutinarias, como comprar la despensa o cortar el césped —ríe Vic, ahora de más de 60 años. Pero además de eso, cada uno está aprendiendo a disfrutar las cosas que le interesan al otro.

—Por ejemplo —dice Vic—, nunca me gustó ir de compras, pero ahora disfruto acompañar a Laura porque eso la hace feliz. Y, en el mismo sentido, a ella nunca le gustaron mucho los juegos de pelota, pero ahora me acompaña y le gusta ver cómo los disfruto.

Pero Vic admite que aprender a ser más sensible con las necesidades de Laura, funciona. —No estoy acostumbrado a prestar atención a los pequeños detalles, pero estoy trabajando en ello. ¡A veces es como tratar de atrapar a un cerdo embarrado de grasa! Creo que lo que conseguido, pero si te distraes un momento, ¡se te escapa!

Aprender a comunicarnos ha sido uno de los mayores retos en la vida. —Aun cuando Laura es mucha más platicadora que yo—, dice Vic—, los dos ahora tratamos de dejar que el otro termine la oración antes de que comencemos a hablar. ¡Eso requiere cierto aprendizaje!

—También hemos aprendido que no tenemos que gritar cuando discutimos y que está bien que no estemos de acuerdo en algo —añade Laura—. Ninguno de los dos tiene que sentirse mal sólo porque el otro no está de acuerdo. Por supuesto, seguimos estando en desacuerdo, pero esos desacuerdos ya no nos quitan tanta energía como antes y ya no despiertan a todo el vecindario. Cuando terminamos seguimos en buenos términos —ríe Vic.

Una de las cosas más importantes que una pareja puede aprender es: ¿Qué ayuda a nuestro matrimonio qué lo empeora? Cuando el estrés aumenta, el conflicto aparece y las tensiones crecen, pero las parejas saludables recurren a las opciones saludables. Éstas, resuelven los problemas, mantienen el trabajo en equipo y nos permiten superar los altibajos de la vida.

Dos años después de que Vic y Laura decidieron reconstruir su matrimonio, también decidieron intentarlo y ayudar a muchos de los niños que necesitan hogar. —Comenzamos a participar en el programa Hermano Mayor/Hermana Mayor —comenta Laura—, pero una de las niñas, de 13 años, nos suplicó que nos la lleváramos a casa, así que volvimos a ser padres adoptivos.

Durante los siguientes seis años, los Miller dieron atención a un total de 45 niños, ¡algunas veces nueve a la vez!

Pero nos limitamos a las niñas, y eso facilitó un poco las cosas —confiesa Laura.

Muchas de estas niñas estaban trabajando con asesores profesionales —declara Vic—, por lo que nos involucramos en la asesoría como una familia completa, y ¡ello resultó ser una influencia muy importante y de apoyo en nuestro matrimonio! Aprendimos mucho acerca de cada miembro de la familia, adquirimos una mayor conciencia respecto a las necesidades de cada persona.

—No sólo supe lo que sentía mi esposa, sino por qué se sentía así. Esto me hizo reflexionar en las cosas que hacía que la lastimaban o la molestaban, aun cuando no me hubiera dado cuenta de eso. Amo a Laura, pero ahora sé que siempre debo ser sensible a sus necesidades y deseos si quiero que nuestra relación siga siendo sana y que siga creciendo.

Los niños adoptados disminuyeron, pero los nietos se habían multiplicado, y los empleos en la fábrica se habían cambiado por una empresa conjunta que manejaba un parque doméstico móvil.

Pero Vic se había vuelto más poético con el paso de los años. —El matrimonio para mí es como un bote

—explica—: si no se le presta atención o se le concede muy poca, comenzará a navegar a la deriva y no llegará a ninguna parte, pero con el deseo y la determinación de tener un mejor matrimonio aparece una serie de "remos" que pueden ayudarnos a guiarlo, finalmente, a un buen destino.

—Sin embargo, con los amigos, pastores y asesores que nos brindan su ayuda, es como tener un motor de hélice en el bote; por lo menos en nuestro caso, ellos nos han ayudado a mantener el curso y llegar a nuestro destino con más facilidad que si vamos luchando con cada centímetro solos.

4

El poder del alcohol

por el Dr. Stephen Wilke

Los ciclos descendentes de la desesperación marital y los ciclos ascendentes de la esperanza marital tienen temas consistentes: la falta de comprensión, la mala comunicación, la ira, la culpa y la desconfianza marcan el camino hacia el rompimiento. La conciencia, la sinceridad, la comprensión mutua y el perdón son los bloques de construcción para la apertura y la curación.

Cuando el alcohol entre en la escena marital, se agrega una nueva capa de contaminación. Revisemos algunas de las formas en el alcohol afectan al matrimonio.

Reduce el dolor

La razón por la que tenemos extremidades nerviosas y sentimos el dolor es para protegernos de la destrucción. Si las extremidades nerviosas de nuestros dedos no perciben el dolor cuando tocan un objeto caliente, nos quemamos las manos. ¡Sentir dolor nos está diciendo que algo anda mal!

Esto es cierto tanto respecto al dolor emocional como el físico. Dentro de una relación sana, la comunicación entre los cónyuges debe ser lo suficientemente sensible para que el dolor también pueda transmitirse. "Me duele", "me siento solo", "decepcionado", "frustrado", "cansado" (y todos esos dolores emocionales de la vida), deben experimentarse y comunicarse.

El problema con el alcohol es que adormece los sentidos y reduce la comunicación de las sensaciones y los sentimientos. Cuando se interrumpe o se suspende la conciencia del dolor, la comunicación no se da y, como resultado, no se obtiene ninguna respuesta. Si bien muy dentro de nosotros mismos tenemos la esperanza de que nuestro cónyuge nos nutra, el dolor queda tan cubierto que nadie sabe en dónde se está sintiendo, ni siquiera nuestro cónyuge.

Sin una comunicación (o transmisión) clara del dolor, la relación no puede recibir ayuda. La persona que causa el dolor ve al matrimonio como algo que no logra cubrir sus necesidades emocionales. La persona se aleja de la relación con Dios y con su pareja.

Dificulta la curación

Otro problema con el alcohol es que no tiene nada constructivo que ofrecer. El alcohólico que bebe es como una persona que necesita que se le extirpen una vesícula infectada, y a quien le inyectan la anestesia... ¡pero no le hacen la operación!

El alcohol es algo que mitiga el dolor, pero no una medicina. Las personas atrapadas en la bebida siguen poniendo vendas nuevas sobre las heridas infectadas, siempre con la idea de que están "solucionando" el problema.

Exige lealtad

Parte del desafío de estar casados es estar disponible para nuestro cónyuge, escucharle y tener la capacidad de responderle. Un tercer problema con el alcohol es que se trata de una droga que controla al individuo adicta a ella y le exige su total atención. Al igual que todas las adicciones, el alcohol se convierte en el principio y el final de la vida del alcohólico, y no quiere que haya otros amores antes que él: ni Dios, ni el cónyuge, ni la familia. Con el alcohol, las personas creen que no necesitan nada más y sienten que no necesitan nada más. Sienten que tienen todo, cuando, de hecho, no tienen nada.

Oculta la realidad

Otro barómetro de las relaciones maritales es la manera como nos sentimos físicamente. Los matrimonios sanos cuentan con una amplia gama de posibilidades. Ya sea que se encuentre excitada, tranquila o alterada, la química del organismo humano se mueve de manera acorde con nuestras emociones y eso, a su vez, parten de la actividad que existe dentro de la relación.

El alcohol, sin embargo, es un agente químico que dictan una sensación o un sentimiento predecible que está desconectado de los sucesos emocionales o relacionales reales.

Con el tiempo, el cuerpo cree que debe recibir alcohol para funcionar normalmente. Esta adicción revuelve las realidades psicológica y fisiológica. Lo que en realidad "está matando a la persona", se siente como si la estuviera sosteniendo.

Oculta otros problemas

Así como el matrimonio por completo sufre por el consumo del alcohol, el cónyuge no alcohólico comienza a introducir en la relación la inmadurez y una serie de imperfecciones; no obstante, el poder de la droga es tan grande que muy poco progreso marital se puede obtener mientras no se logre mantener la sobriedad

Pasos hacia la plenitud

Un matrimonio debe ser capaz de enfrentar los desafíos del pasado, en el presente y en el futuro. Si el cuerpo físico puede llegar a desintoxicarse, el trabajo en la relación puede avanzar. Las personas que rompen los lazos del alcoholismo, a menudo mantienen un disciplinado enfoque diario; para lograrlo, la mayoría de los alcohólicos en recuperación siguen los conceptos básicos que se encuentran en el programa de los Doce Pasos de Alcohólicos Anónimos.

Del mismo modo, al igual que las actitudes y los actos del alcohólico deben cambiar, así los del cónyuge. Debe surgir una nueva forma de ser responsable de uno mismo y con su cónyuge, pues los dos están sufriendo y deben escucharse mutuamente.

Ambos se han manipulado mutuamente y deben perdonarse; además de que tienen necesidades que deben cubrir.

El alcoholismo es cosas seria, no sólo desaparece y ya. Un matrimonio con un alcohólico necesita ayuda y, por lo general, se requiere una combinación de asesoría o terapia individual, marital y de grupo.

Sin embargo, así como darle visión al ciego, los alcohólicos en recuperación y sus cónyuges son capaces de ver un mundo totalmente nuevo.

El camino hacia nuevos actos y nuevas actitudes puede ser muy largo y difícil. A continuación presentamos el programa de Doce Pasos de Alcohólicos Anónimos, el cual proporciona cierta estructura y cierto esquema dentro de los cuales el alcoholismo se puede manejar de manera exitosa.

Los Doce Pasos de Alcohólicos Anónimos

1. Admitir que no tenemos poder (sobre el alcohol) y que nuestra vida se ha vuelto inmanejable.

2. Llegar a creer que un Poder mayor que nosotros mismos puede ayudarnos a recuperar la salud.

3. Tomar la decisión de dejar nuestra voluntad y nuestra vida en las manos de Dios, como quiera que lo entendamos.

4. No tener miedo de hacer una investigación y un inventario moral de nosotros mismos.

5. Admitir, ante Dios, ante nosotros mismos y ante los demás seres humanos, la naturaleza exacta de nuestros errores.

6. Estar listos para que Dios nos ayude a eliminar esas fallas de carácter.

7. Pedir a Dios, con toda humildad, que nos quite nuestros defectos.

8. Hacer una lista de todas las personas a las que hemos lastimado, y estar dispuestos a disculparnos con todas ellas.

9. Ofrecer disculpas en forma directa a esas personas siempre que sea posible, excepto cuando, hacerlo, pueda lastimarlas a ellas o a otras.

10. Seguir haciendo un inventario personal y, cuando nos equivoquemos, admitirlo inmediatamente.

11. A través de la oración y la meditación, buscar mejorar nuestro contacto consciente con Dios, como quiera que lo entendamos, orando solamente por conocer Su voluntad para con nosotros y el poder para cumplirla.

12. Después de tener un despertar espiritual como resultado de estos pasos, tratar de llevar este mensaje a otros alcohólicos, y practicar estos principios en todos nuestros asuntos.[1]

Para que estos pasos sean efectivos, deben formar parte integral de la vida de la persona. Conforme los cristianos siguen estos 12 pasos, su propia fe y la guía de Dios los van llevando por cada uno.

¿Qué puede hacer la iglesia? Son muchos los individuos que luchan con el alcohol y otras drogas. Muchos están luchando por tener un matrimonio

---

[1] *Alcohólicos Anónimos* (Nueva York, NY: Alcoholics Anonymus World Services, Inc., 1939, 1976).

satisfactorio. Busquen a quienes están luchando solos y necesitan la gracia redentora de Dios. Inclúyanlos en sus oraciones y apóyenlos en la comunión. Estén siempre listos para ayudarlos.

Despedida

Las historias reales que acaban ustedes de leer en este libro son regalos de amor. El amor las ha hecho posibles, y fue el amor el que provocó que se narraran aquí para que los miembros de una pareja puedan hablar nuevamente entre sí.

El programa para Recobrar la Esperanza es una red de parejas que se interesan en los matrimonios. Se interesan en los cónyuges lastimados porque ellas ya han estado lastimadas. Dejen que su historia sea un regalo de esperanza, un acto de amor y una verdad sagrada que el poder reconciliador de Dios les dará cada día.

Impreso en:
Programas Educativos, S.A. de C.V.
Calz. Chabacano No. 65 Local A
Col. Asturias 06850 - México, D.F.
Agosto 2004
Empresa Certificada por el
Instituto Mexicano de Normalización
y Certificación A.C., bajo la Norma
ISO-9002: 1994/NMX-CC-004: 1995
con el Núm. de Registro RSC-048.
y bajo la Norma ISO-14001: 1996/SAA-1998
con el Núm. de Registro RSAA-003